ANTIOXIDANTES

NATURALES

ANTIOXIDANTES

NATURALES

Cómo reducir el riesgo de cáncer, Alzheimer y

enfermedades cardiovasculares

Jack Challem & Melissa Block

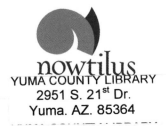

nowtilus

Colección: Guías Prácticas de Salud, Nutrifarmacia y Medicina Natural
www.guiasbrevesdesalud.com

Título: Antioxidantes naturales
Subtítulo: Cómo reducir el riesgo de cáncer, Alzheimer y enfermedades
cardiovasculares
Autor: © Jack Challem & Melissa Block
Traducción: Claudia Rueda Ceppi

Copyright de la presente edición: © 2008 Ediciones Nowtilus, S.L.
Doña Juana I de Castilla 44, 3º C, 28027 Madrid
www.nowtilus.com

Editor: Santos Rodríguez
Coordinador editorial: José Luis Torres Vitolas

Diseño y realización de cubiertas: Carlos Peydró
Diseño del interior de la colección: JLTV
Maquetación: Claudia Rueda Ceppi

ISBN-13: 978-84-9763-446-5
Fecha de edición: Marzo 2008

Printed in Spain
Imprime: Estugraf impresores S.L.
Depósito legal: M-6762-2008

JUN 1 1 2012

ÍNDICE

INTRODUCCIÓN

¿Si usted pudiera tomar una píldora diaria que garantizase alargar su vida y además reduciese significativamente las posibilidades de padecer dolencias cardiacas, cáncer, derrames, Alzheimer, complicaciones derivadas de la diabetes, enfermedades oculares que pueden causar ceguera, artritis reumatoide, desorden TMJ, enfermedades de la piel y problemas musculares ocasionados por el ejercicio, lo haría?

Usted debe estar pensando: ¡es imposible que exista una píldora que pueda lograr todo esto! Indudablemente, si de verdad existiese, ya habría sido recetada por todos los médicos del mundo. Es cierto. Tiene razón. Ninguna píldora milagrosa tiene todos estos efectos. Pero continúe apostando con nosotros: ¿tomaría algún medicamento parecido, si existiese?

Ahora, sin duda usted se estará preguntando: ¿Cuál es el punto al que se quiere llegar? ¿Si existe esa medecina, quizá tendrá efectos secundarios terroríficos? No. ¿Será excesivamente cara? No: como mucho, unos pocos euros diarios, como poco de tan solo algunos céntimos. ¿Se trata de una sustancia que únicamente ha sido investigada superficialmente y de la cual nadie conoce sus riesgos y beneficios? No. Esta sustancia ha sido rigurosamente estudiada desde mediados del siglo veinte. Entonces, ¿tendré que vender a mi primogénito para conseguirla? Bueno, ya estamos cayendo en el absurdo. Y, para no divagar más, sería bueno ya tener su respuesta: ¿tomaría la sustancia sí o no?

Bueno, ¡Sí, por supuesto!

¡Genial! ¿Cuál es la milagrosa píldora a la que nos referimos? Esta sustancia, para ser más precisos, estas sustancias, constituyen el objeto de este libro y de extensas investigaciones en laboratorios y centros médicos de todo el mundo. Estamos hablando de los antioxidantes.

El primero en indagar sobre ellos fue un investigador químico llamado Denham Harman, quien en noviembre de 1954 tuvo un momento de inspiración y pensó que había descubierto qué era lo que conducía al proceso de envejecimiento en los seres humanos.

Para contarlo mejor, retrocedamos un poco. En diciembre de 1945, su esposa le mostró un artículo acerca del trabajo de ciertos investigadores rusos que pretendían extender la duración de la vida humana y ello le intrigó muchísimo. Finalmente, sentado en su taburete de laboratorio, nueve años después, la respuesta le llegó a él: la causa del envejecimiento es la oxidación.

Su trabajo anterior para la compañía petrolera Shell estaba relacionado con la química de los radicales libres, pero en ese momento nadie tenía la menor idea de que existiese una conexión entre los radicales libres y el envejecimiento. Ningún científico había detectado la actividad de dichos radicales en las células humanas.

Una vez que el Dr. Harman obtuvo su resultado brillante, se propuso tratar de encontrar radicales libres en los seres vivientes. Este objetivo no resultó ser una prueba fácil. Sin embargo, a comienzos de la década de 1960 (con la ayuda de muchos otros científicos que se dieron cuenta de lo que estaba haciendo Harman) las investigaciones establecieron que los radicales libres eran un producto del metabolismo celular y que la ingestión de sustancias antioxidante supletorias definitivamente incrementaba la expectativa de vida en los animales de laboratorio.

Mientras escribimos todo esto, el Dr. Harman aún continúa trabajando duramente en este campo. Con más de ochenta años sigue levantándose a las 4:30 a.m. para ir a su oficina de la Universidad de Nebraska, Omaha, donde es profesor emérito. Se sienta en su mesa de trabajo durante ocho o nueve horas a diario trabajando en nuevas estrategias de investigación con el propósito de lograr que la ingestión de suplementos antioxidantes se convierta en algo cotidiano en la vida moderna.

Las investigaciones solitarias del Dr. Harman sembraron las semillas de la actual explosión de investigaciones sobre antioxidantes. Hoy existen más de 111.000 estudios científicos publicados en revistas de esta naturaleza que aluden a los antioxidantes y su actividad en células humanas y animales. Ninguna teoría acerca de las dolencias relacionadas a la edad o al envejecimiento crónico pueden durar demasiado sin considerar el rol que juegan los radicales libres en su aparición y posterior progresión.

A través de estas páginas, usted aprenderá qué es exactamente un radical libre y por qué es dañino. Podrá ver cuál es la conexión entre los radicales libres y la diabetes, las dolencias cardiacas, el cáncer y el Alzheimer; y descubrirá que los antioxidantes constituyen nuestra mejor defensa frente a estas enfermedades.

En el capítulo 1, detallaremos cuidadosamente la ciencia de los radicales libres y los antioxidantes lo suficiente para que usted pueda entender completamente los capítulos siguientes. Le aconsejamos tener un lápiz a mano para cuando llegue al capítulo 2 porque estableceremos juntos en qué medida usted necesita hacer uso de antioxidantes suplementarios a través de un pequeño test no científico.

Los capítulos 3, 4, 5 y 6 cuentan los hallazgos de las investigaciones que han logrado demostrar los beneficios de las vitaminas y minerales antioxidantes. POr último, en la parte final de esta guía trataremos de ayudarle a ver cómo puede aplicar toda la ciencia a su vida y mejorar su salud.

Muchos de estos nutrientes le resultarán familiares; incluso, puede estar usando ya algunos de ellos. Otros le serán totalmente nuevos. En estas páginas no hacemos referencia a nada que no haya sido concienzudamente investigado.

Una vez que usted haya terminado de leer este libro, estamos seguros de que estará convencido de que los antioxidantes son parte indispensable de un estilo de vida sano y que pueden ser usados para prevenir y ayudar al organismo a curarse de muchos de los problemas de salud más comunes que nos amenazan a partir de la mediana edad.

1

LOS RADICALES LIBRES Y LOS ANTIOXIDANTES

L os átomos son la materia de la cual están hechas las moléculas; son las partículas más pequeñas que componen la materia. Seguramente recuerde algún dibujo o figura en la que aparece el núcleo, representado por una esfera central, compuesto en partes iguales por protones cargados positivamente y neutrones, que no tienen carga eléctrica. Alrededor de este núcleo, los electrones viajan en una órbita. Un físico o un químico moderno dirían que este modelo es extremadamente simple, sin embargo, funciona perfectamente para nuestros propósitos.

Habitualmente, los electrones se encuentran en parejas. Cuando un electrón pierde a su pareja, el electrón que queda intenta indiscriminadamente recoger electrones de otros átomos. Los electrones pueden ser "robados" de las moléculas de las grasas y las proteínas e incluso del ADN (el material genético que dicta la actividad de cada célula), a los que oxida. Esta circunstancia provoca una reacción en cadena (pues la molécula a la que le han "robado" el electrón busca a su vez otra molécula) que puede causar daños biológicos importantes. La pérdida de uno de los electrones que forman una pareja se conoce como oxidación. El proceso de devolver un electrón a su pareja original se conoce como "reducción" en acción. En cada célula de los organismos animales y humanos se lleva a cabo un constante ciclo de oxidación y reducción.

El cuerpo emplea antioxidantes para reducir a los radicales libres y el daño que estos pueden causar. Los antioxidantes donan electrones a estos radicales poniendo fin a la reacción en cadena, estabilizando así al átomo, que ha estado intentado encontrar una pareja para su electrón desparejado.

El organismo, en sus funciones habituales, como la respiración o la digestión, genera radicales libres. Pero además estamos expuestos a agentes externos que también los producen, como la contaminación o algunos productos químicos que contienen el agua o los alimentos. El cuerpo humano produce antioxidantes, otros los obtiene del exterior, a través de los alimentos y otros productos. Se dice que hay estrés oxidativo cuando la exposición a los radicales libres es mayor de la que los antioxidantes pueden neutralizar.

Las investigaciones en este campo han determinado, sin lugar a dudas, que la sobreabundancia de radicales libres en relación a la cantidad de antioxidantes desempeña un papel fundamental en el desarrollo de enfermedades relacionadas con la edad y en el proceso de envejecimiento. En otras palabras, cuando existen más radicales libres de los que el organismo puede manejar, envejecemos con mayor rapidez y enfermamos en este proceso. Afortunadamente, usted puede tomar muchas medidas para mejorar la capacidad de su cuerpo para "saciar" a dichos radicales. Con una alimentación adecuada y un programa inteligente, moderado y equilibrado de suplementos nutricionales antioxidantes, podrá aumentar la concentración de sustancias antioxidantes en su fluido sanguíneo y en el interior de las células del organismo.

El cuerpo contiene varios sistemas relacionados con los órganos vitales y cada uno de ellos realiza su propia tarea para mantenernos vivos y funcionar correctamente. Las células que conforman dichos órganos poseen, a su vez, orgánulos. Dentro de cada una de los 60 trillones de células que forman nuestro organismo, existen orgánulos microscópicos llamados "mitocondrias". Las mitocondrias son los "departamentos generadores de energía" de las células; ellas son las responsables de transformar el combustible (carbohidratos y grasas) en energía. Ellas proveen la energía necesaria para hacer que las células de cada sistema (digestivo, respiratorio, etc.) puedan realizar sus funciones.

Dentro de cada mitocondria, docenas de reacciones químicas logran convertir los carbohidratos y las grasas en energía química: adenosín trifosfato, o ATP, una molécula que almacena energía. Dichas reacciones químicas, conocidas en su conjunto como "ciclo Krebs" y "fosforilación oxidativa", requieren la participación de muchas vitaminas, minerales y antioxidantes.

Durante el proceso de crear ATP (el mismo que es parcialmente dividido para liberar energía química tantas veces como sea necesario), las mitocondrias se transforman en una "plataforma" para la producción de radicales libres. Estos son un producto natural del metabolismo y resultan necesarios para sostener el proceso metabólico. Sin embargo, los radicales libres también provocan daños a las proteínas, a las grasas y al ADN (ácido desoxirribonucleico), el código biológico que programa nuestras células.

Intentando convertirse en parte de una molécula intacta, este fragmento de una molécula (que es, en esencia, un radical libre) modifica y posiblemente daña, de una manera permanente, a la molécula de la que intenta formar parte. A medida que envejecemos, la capacidad del cuerpo para prevenir y reparar este daño disminuye, y esta es la causa de los cambios y enfermedades que se producen con la edad.

EL DAÑO DE LOS RADICALES LIBRES
A LAS PROTEÍNAS

Todos los seres vivos están formados a partir de proteínas. Una proteína es una molécula larga formada por una o más cadenas de aminoácidos en un orden específico. El orden de dichos aminoácidos en cada proteína es determinado por información genética codificada en el ADN de cada célula. Las proteínas tienen varias funciones en el organismo: son necesarias para la formación y reparación de los tejidos, sintetizan hormonas y enzimas y, en algunos casos, cuando la ingesta de carbohidratos es insuficiente, desempeñan una función energética. El ataque de los radicales libres puede conllevar cambios estructurales en estas proteínas, las que, a su vez, disminuyen su habilidad para llevar a cabo las tareas que les corresponden en nuestro cuerpo.

Por ejemplo, el daño por oxidación causado a las proteínas se relaciona con el Alzheimer. Asimismo, las reacciones de los radicales libres sobre las proteínas y las grasas en la piel son consideradas una de las principales causas del proceso de envejecimiento externo.

EL DAÑO DE LOS RADICALES LIBRES A LAS GRASAS

Las membranas de todas las células y las envolturas que rodean a las células nerviosas están compuestas de grasas. El cerebro está formado en un 60% por grasa. Las grasas, especialmente las polisaturadas (la clase de grasas más común en el cuerpo), resultan altamente vulnerables al ataque de la oxidación. Por ello, si las grasas de estas membranas han sufrido oxidación, las sustancias de desecho ya no atraviesan con facilidad las membranas celulares. Al final, el daño acumulado proveniente de la oxidación de las membranas acelera el envejecimiento del organismo.

Millones de americanos sufren de altos niveles de colesterol. Esto habitualmente significa que tienen altos niveles de lipoproteínas de baja densidad, LDL o "colesterol malo", y bajos niveles de lipoproteínas de alta densidad, HDL o "colesterol malo". Durante mucho tiempo se ha creído que altos niveles de LDL respecto del HDL eran una causa importante de las dolencias cardiovasculares, pero nuevas evidencias han demostrado que la modificación del LDL por efectos de la oxidación (esto es, el ataque de los radicales libres que dispara las alteraciones en el LDL) es la pieza clave que produce este tipo de "colesterol malo" verdaderamente aterogénico (es decir, dañino para las paredes de las arterias).

Ahora bien, el LDL no es del todo dañino, puesto que también transporta nutrientes de grasa solubles, como la vitamina E y los betacarotenos, a través de la sangre. Cuando no consumimos suficientes nutrientes antioxidantes, el LDL puede oxidarse debido a una concentración de radicales libres. La modificación oxidativa que resulta de dicha acumulación genera una reacción del sistema inmunológico contra dicho LDL. Normalmente, esta sustancia no produce ninguna reacción por parte de dicho sistema. No obstante, dicha modificación oxidativa envía información a los glóbulos blancos para que engullan al LDL como si se tratara de una bacteria. Entonces, las moléculas de adhesión se liberan desde la superficie de dichos glóbulos y se pegan a las paredes arteriales. Asimismo, otras sustancias inflamatorias, como la proteína C reactiva (PCR) y las interleuquinas-6 (IL-6), entran en el juego, por lo que finalmente se formarán placas que pueden obstruir el fluido de sangre a través de la arteria. Cabe resaltar que todos estos efectos adversos se inician debido a una falta de nutrientes antioxidantes.

El daño de los radicales libres al ADN

El ADN contiene las instrucciones biológicas dirigidas a las células para indicarles cómo deben crecer, cambiar y llevar a cabo sus funciones. Casi

cada una de nuestros 60 trillones de células contiene un juego completo de estas instrucciones y determinados aspectos de las mismas son activados en el interior de los distintos tipos de células. Cuando los radicales libres atacan al ADN dichas instrucciones pueden mutar, de tal forma que pueden transformar estas células en cancerosas. Estas células se vuelven indiferenciadas, con lo cual pierden las características que les permiten desempeñar funciones especiales. Por ejemplo, una célula cancerosa del hígado no podrá limpiar la sangre de toxinas o una célula cancerosa del pulmón no podrá mover el oxígeno dentro y fuera del torrente sanguíneo.

Asimismo, las células que se han transformado en cancerosas se multiplican mucho más rápido que las células saludables. Se convierten en "inmortales": mientras dispongan de combustible y de un lugar para crecer, no morirán. Por el contrario, las células sanas están programadas para morir y ser reemplazadas por células nuevas periódicamente. Esta muerte programada de las células se denomina "apoptosis". Las células cancerígenas usan la energía y se apropian del espacio que necesita el órgano afectado para realizar su trabajo. Una vez que dichas células se han multiplicado lo suficiente como para convertirse en un tumor, generalmente se expanden a otras partes del cuerpo a través de los vasos linfáticos.

Se ha descubierto que los antioxidantes previenen las modificaciones oxidativas del ADN que inician el cáncer. Asimismo, estas sustancias ayudan a hacer más lenta la progresión de esta enfermedad, ayudando al organismo a construir defensas que detengan o reviertan dicho crecimiento.

SI LOS ANTIOXIDANTES SON TAN BUENOS, ¿POR QUÉ LOS MÉDICOS NO LOS RECETAN?

Si la evidencia científica a favor de los antioxidantes es tan sólida como nosotros sugerimos, ¿por qué no ha sido totalmente adoptada y aceptada por la comunidad médica? La respuesta a este interrogante está más relacionada con ciertas políticas y con los presupuestos que con la ciencia. Las sustancias naturales reciben muy poca atención de la comunidad médica porque no resultan productos rentables para las compañías farmacéuticas.

La mayor parte de los medicamentos son creados a partir de moléculas que no se encuentran en la naturaleza. Algunas veces se elaboran partiendo de sustancias naturales que han sido manipuladas para convertirlas en "antinaturales" y otras son construidas partiendo de cero. Estas moléculas "antinaturales" tienden a causar efectos más drásticos en el cuerpo que las moléculas naturales. Es por ello que los medicamentos resultan mucho más peligrosos que las moléculas naturales, causando muchos efectos secundarios adversos.

No obstante, es precisamente su carácter no natural el que hace posible que puedan ser patentadas. Las compañías farmacéuticas obtienen más beneficios cuando patentan sus productos porque ello significa que no tienen que competir con otros que estén elaborando el mismo producto. Todos sabemos que la industria farmacéutica se ha enriquecido enormemente gracias a las regulaciones para patentar medicamentos. A cambio, esta industria usa sus beneficios para financiar investigaciones sobre sus productos más nuevos, y para "educar" a los médicos y los consumidores acerca del valor de tales productos. Asimismo, las empresas farmacéuticas influyen fuertemente en los programas educativos gubernamentales referidos a la salud, en los que se esfuerzan por dar la impresión de que la única manera de luchar contra las enfermedades es mediante el uso de fármacos. Dichas compañías, así como los responsables gubernamentales del cuidado de la salud, y como la mayoría de los médicos, no toman en cuenta ni consideran el valor de los suplementos antioxidantes naturales para promover la salud.

Los antioxidantes naturales, como los que se describen en este libro, no son patentables (con la excepción de unos pocos, por ejemplo, el Picnogenol, que es un extracto patentado de la corteza del pino marítimo, y determinadas formas de la coenzima Q10 están patentadas porque están hechas en una base oleaginosa diseñada para mejorar la absorción). Es por ello que usted no habrá oído más acerca de ellos, pese a que sus efectos beneficiosos sobre la salud están probados mediante estudios científicos tan rigurosos (y algunas veces mucho más) como aquellos empleados para establecer la seguridad y la eficacia de los medicamentos.

Otra de las razones que explican por qué los médicos no los recomiendan ampliamente radica en el hecho de que la medicina occidental es más un sistema de tratamiento de la enfermedad que de prevención y mantenimiento de la salud. En efecto, dicho sistema se centra más en curar a las personas enfermas que en fortalecer al organismo para que pueda defenderse y curarse por sí mismo.

LOS ANTIOXIDANTES NO SON "MILAGROSOS"

Los suplementos antioxidantes constituyen un excelente soporte para conservar una buena salud, pero no curan la enfermedad. Ayudan al cuerpo a mantener sus propias defensas contra cualquier dolencia, y cuando la enfermedad ataca pueden ayudar a la curación. Sin embargo, no se trata de "tome usted estos antioxidantes y la enfermedad desaparecerá".

Generalmente solemos esperar tratamientos mágicos, curas instantáneas que nos permitan no solo mejorar inmediatamente, sino seguir con nuestro agitado estilo de vida, incluso cuando estamos enfermos.

Los suplementos antioxidantes trabajan mejor cuando son empleados de manera preventiva al nivel de cada célula, cada proteína, cada molécula de grasa y cada espiral de ADN. Esto no quiere decir que dichos antioxidantes sean inútiles para afrontar la enfermedad. Por el contrario, altas dosis de los mismos pueden hacer mucho por usted cuando cae enfermo. Sin embargo, es esencial lograr un equilibrio adecuado de nutrientes antioxidantes y emplearlos bajo las formas y presentaciones que, conforme a las investigaciones científicas, trabajan mejor.

2

¿Cuál es su puntuación de oxidación?

¿Ya tiene un lápiz en la mano? Veamos cómo le va en este cuestionario elaborado para ayudarle a determinar qué antioxidantes le resultarán más beneficiosos y cuál será la dosis idónea para sus necesidades particulares. Cada pregunta tiene cinco respuestas posibles. Cada respuesta corresponde a un cierto número de puntos, tal como se indica. Escriba los puntos obtenidos en cada pregunta en el margen extremo derecho, luego sume toda la puntuación cuando haya completado íntegramente el cuestionario.

1. ¿Cuántas porciones de vegetales y frutas ingiere usted diariamente? Una porción consiste en una fruta de tamaño mediano, ½ taza de vegetales o frutas (crudas, cocinadas o enlatadas) o una taza de ensalada.

Los vegetales y las frutas son las mejores fuentes de antioxidantes.

a) 5 por día o más 1
b) 4 por día 2
c) 3 por día......................................3
d) 2 por día 4
e) 1 por día.......................................5

2. ¿Usa muchas hierbas y especias cuando cocina, particularmente ajo, cebolla, curry, romero, salvia, cayena o cúrcuma?

Puntúese según el número de veces, por día, que come una o más de estas hierbas y especias.

Las hierbas y las especias están cargadas de sustancias antioxidantes. Las propiedades de muchas de ellas se están investigando actualmente, pero ya tradicionalmente se han empleado para prevenir y tratar ciertas enfermedades.

a) 5 veces o más..............................1
b) 4 veces......................................2
c) 3 veces 3
d) 2 veces......................................4
e) 1 vez o menos 5

3. ¿Cuántas horas al día se expone al sol o a los rayos en una cabina de bronceado?

La exposición directa a la radiación UV genera muchos radicales libres en la piel. El protector solar puede ayudar a prevenir las quemaduras, pero no existe evidencia de que evite la formación de radicales libres.

a) 1 hora o menos 1
b) 2 horas 2
c) 3 horas 3
d) 4 horas 4
e) 5 horas o más 5

4. ¿Usted fuma? (Si es un fumador pasivo, anote 2 o 3 puntos.)

El humo del cigarro es una de las fuentes más perniciosas de radicales libres.

a) No, nunca fumo 1
b) Fumo ocasionalmente 2
c) Fumo a menudo 3
d) Fumo menos de diez cigarros diarios........4
e) Fumo más de diez cigarros diarios 5

5. ¿Cuántas bebidas alcohólicas ingiere por semana? (No considere el vino tinto, a menos que tome más de un vaso diario.)

Se ha descubierto que beber demasiada cerveza o licores fuertes incrementa el riesgo de cánceres orales, y ello puede obedecer, parcialmente, a la tensión de los radicales libres en la boca y la garganta.

a) 1 bebida o menos 1
b) 2 bebidas 2
c) 3 bebidas...................................3
d) 4 bebidas 4
e) 5 bebidas o más 5

6. ¿Cuánto ejercicio practica? (Si no se ejercita nunca, escoja la letra d.)

El ejercicio moderado mejora las defensas antioxidantes del cuerpo, pero el ejercicio fuerte frecuente tiene el efecto contrario, acelerando la producción de radicales libres más allá de la capacidad del cuerpo para manejarlos. Ello puede conducir a debilitar nuestro sistema inmune e incrementar el riesgo de dolencias cardiacas, cáncer y envejecimiento prematuro.

a) Muy moderadamente 1
b) Moderadamente 2
c) Moderadamente intenso 3
d) Muy intenso 4
e) Extremadamente intenso 5

7. ¿Cuál es su nivel general de estrés?

Un ritmo de vida estresante también acelera la producción de radicales libres.

a) Leve 1
b) Moderado 2
c) Algunas veces alto, algunas veces bajo 3
d) Generalmente alto 4
e) Generalmente muy alto 5

8. ¿Cuántas veces a la semana toma frituras?

Pese a ser deliciosas, las frituras están cargadas de grasas oxidativas, que fortalecen la actividad de los radicales libres en nuestro cuerpo.

a) 1 o menos veces..................................1
b) 2 veces...2
c) 3 veces 3
d) 4 veces..4
e) 5 veces o más.....................................5

9. ¿Cuántas veces a la semana toma comida "basura" azucarada?

La comida alta en azúcar aumenta las posibilidades de desarrollar diabetes del tipo 2, lo cual acelera la producción de radicales libres drásticamente. También incrementa los niveles de las hormonas del estrés y obstaculiza la actividad del sistema inmune.

a) 1 o menos veces..................................1
b) 2 veces...2
c) 3 veces 3
d) 4 veces..4
e) 5 veces o más.....................................5

10. ¿Cuántas veces por semana come carne a la parrilla?

La carne cocinada sobre llamas contiene abundantes radicales libres y carcinógenos.

a) 1 o menos veces..................................1
b) 2 veces...2
c) 3 veces 3
d) 4 veces..4
e) 5 veces o más.....................................5

11. ¿Cuántas veces al año coge un resfriado o una gripe?

Cuando cae enfermo con el virus de la gripe o el resfriado, su cuerpo crea más radicales libres. Un sistema inmunológico débil es un buen indicador de que usted no está obteniendo suficientes antioxidantes de la alimentación.

a) 1 o menos veces.................................1
b) 2 veces...2
c) 3 veces...3
d) 4 veces...4
e) 5 veces o más..................................5

12. ¿Padece de alergias o asma?

La inflamación crónica que generan estas dolencias crea una carga extra de radicales libres en el organismo.

a) No...1
b) Sí..5

13. ¿Tiene alto el colesterol LDL o colesterol "malo"?

Si así fuera, deberá asegurarse de estar obteniendo antioxidantes suficientes para hacer más lento el proceso de la oxidación LDL.

a) No...1
b) Sí..5

14. ¿Padece de diabetes tipo 2? (Si no la padece, pero existe en su familia, escoja la letra b.)

Altos niveles de azúcar en la sangre aceleran la oxidación.
a) No 1
b) Existe en la familia 3
c) Sí 5

15. ¿Padece alguna enfermedad cardiovascular? (Si no la padece o no lo ha sufrido, pero existe o se ha dado en su familia, escoja la letra b.).
Los antioxidantes nos protegen contra las enfermedades cardiovasculares de muchas maneras. Por ejemplo, la vitamina E reduce la oxidación LDL y la inflamación. Además ayuda a mantener abiertos los vasos sanguíneos y la vitamina C fortalece las paredes de dichos vasos.
a) No 1
b) Existe en la familia 3
c) Sí 5

16. ¿Tiene cáncer? (Sí no lo padece, pero existe en su familia, escoja la letra b; si ha tenido cáncer en el pasado, escoja la c.)
Existen evidencias de que el exceso de radicales libres es una de las causas del cáncer y que altas dosis de antioxidantes juegan un papel importante durante la curación de esta enfermedad.
a) No 1
b) Existe en la familia 2
c) Tuve cáncer, pero no lo padezco ahora 4
d) Tengo cáncer 5

17. ¿Padece artritis reumatoide u otra enfermedad autoinmune? (Si algún miembro de u familia la padece, pero usted no, escoja la letra b.)

Al igual que las alergias y el asma, estas dolencias generan una inflamación excesiva, lo que conduce a una producción de radicales libres también en exceso.

a) No 1
b) Existe en la familia 3
c) Sí 5

18. ¿Tiene ojos claros (azules, grises o verdes)?

Las enfermedades oculares relacionadas con la vejez, como cataratas y degeneración macular, son causadas por el daño oxidativo a la retina. Los ojos claros proporcionan menos protección contra los rayos UV que los oscuros.

a) No, tengo ojos oscuros 1
b) Sí, pero soy muy cuidadoso
para protegerlos contra el sol 3
c) Sí, y no uso gafas de sol 5

19. ¿Vive en un área con alta polución? Escoja "e" para las áreas con más polución (urbanas); escoja "a" para las de menos polución; puntúe su área en un lugar intermedio si vive en las afueras.

La contaminación del aire favorece la producción de radicales libres en el cuerpo. También debe tomar en consideración su exposición coti-

diana a agentes químicos: pesticidas, herbicidas, productos de limpieza para el hogar, disolventes, etc.

a) 1 (menos polución)
b) 2
c) 3
d) 4
e) 5 (mayor polución)

CALCULE SU PUNTUACIÓN

Sume los puntos obtenidos en cada pregunta. Si el total se encuentra entre 20 y 40, ¡excelente! Usted no está sometido a un gran nivel de estrés oxidativo y probablemente no necesite más que algunos nutrientes antioxidantes básicos en dosis que pueden ser encontradas en cualquier suplemento diario mineral y multivitamínico de alta calidad.

Si su puntuación está entre 41 y 60, todavía se encuentra en buena forma. Sin embargo, deberá nivelar los tipos y dosis de antioxidantes que emplee cada cierto tiempo para combatir la enfermedad, el nivel de estrés o la exposición a contaminantes.

Una puntuación entre 61 y 80 no es muy buena. Deberá considerar un programa más intensivo de suplementos antioxidantes, con un margen más amplio de nutrientes y dosis más elevadas de cada uno.

Finalmente, si oscila entre 81 y 95, está sometido a un alto riesgo de estrés oxidativo y a las dolencias crónicas asociadas con dicho estrés. Preste mucha atención a las recomendaciones sobre nutrientes que se hacen en los siguientes capítulos. Los antioxidantes podrían, perfectamente, cambiar su actual estado de salud.

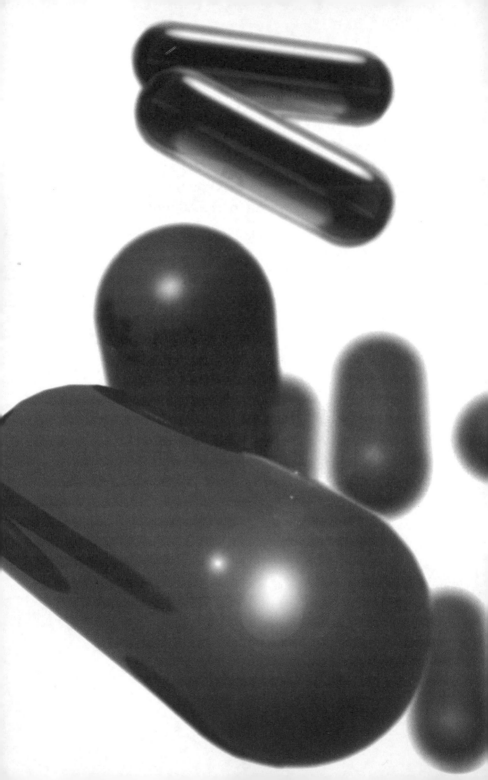

3

VITAMINAS ANTIOXIDANTES

En 1890, el médico holandés Christiaan Eijkman se encontraba en Java estudiando la enfermedad conocida como beriberi, una patología entre cuyos síntomas están: pérdida de peso, confusión mental, debilidad, taquicardia, pérdida de sensibilidad, alteración de la función muscular, etc., y que puede causar la muerte. Por aquel entonces, no era raro padecer esta enfermedad.

El Dr. Eijkman descubrió que los pollos que eran alimentados con una dieta a base de arroz blanco, en el que la cáscara había sido eliminada, presentaban síntomas muy similares a los que tenían las personas que padecían beriberi. Pero, una vez que se alimentaba a estos animales con la referida fibra de la cáscara, sanaban rápidamente. Frente a este descubrimiento, el Dr. Eijkman empezó a usar, exitosamente, esta misma terapia nutricional para tratar a las personas que sufrían tal enfermedad y, posteriormente, escribió sobre sus hallazgos.

Un par de décadas después, alrededor del año 1912, el bioquímico polaco Casimir Funk estudió el trabajo de Eijkman e intentó aislar la sustancia contenida en la cáscara del arroz que curaba el beriberi. Finalmente, lo logró y llamó a su descubrimiento "tiamina" o "vitamina B_1". "Vita" significa "vida" y "amina" alude a que la sustancia hallada contiene un grupo amino. Funk elaboró la hipótesis correcta de que algunos nutrientes podrían probablemente convertirse en un remedio frente al escorbuto, una dolencia que normalmente acababa con la vida de muchos de los hombres que emprendían largos viajes por mar. Dicha vitamina contra el escorbuto resultó ser la vitamina C.

A partir de los hallazgos de Funk, muchas otras vitaminas han sido descubiertas. En aquella época, tales vitaminas solo eran empleadas para curar enfermedades que estaban relacionadas con deficiencias nutricionales, objetivo que lograban con suma rapidez. Desde entonces hasta la fecha, la terapia con vitaminas ha recorrido un extensísimo camino.

Las vitaminas antioxidantes, particularmente la vitamina C y la E, han sido objeto de exhaustivas investigaciones. El empleo de altas dosis suplementarias de dichas vitaminas es un método efectivo y seguro para reducir el impacto del envejecimiento en el cuerpo. Desde 1951, alrededor de 22.500 estudios científicos relacionados con los efectos de la vitamina E han sido revisados y publicados en distintas revistas médicas. Durante este tiempo, también se han publicado cerca de 10.000 estudios sobre la vitamina C. Gracias a todas estas investigaciones hoy tenemos evidencias científicas que respaldan el uso de las vitaminas C y E para lograr una vida más larga, más sana y prevenir enfermedades como el Alzheimer, el cáncer o las patologías cardiovasculares.

LA VITAMINA C:
EL ANTIOXIDANTE DE MÚLTIPLES USOS

Al final de la década de 1960, el dos veces laureado con el Nóbel, Linus Pauling, empezó a recomendar públicamente el uso de altas dosis de vitamina C (también conocida como "ácido ascórbico") para reducir los síntomas del resfriado y la gripe. Muchos años después, Pauling llevó a cabo un estudio con su colega Ewan Cameron sobre pacientes con cáncer en estado terminal. A través de dicho estudio descubrió que, al suministrar diariamente a dichos pacientes 10 gramos de vitamina C de manera intravenosa, se prolongaba su periodo de supervivencia de meses a años. Asimismo, se pudo comprobar que altas dosis de tal vitamina ayudaban a reducir el severo dolor que experimentan los pacientes en dicho estado.

Más recientemente, a fin de realizar un nuevo estudio sobre la vitamina C, un equipo investiga-

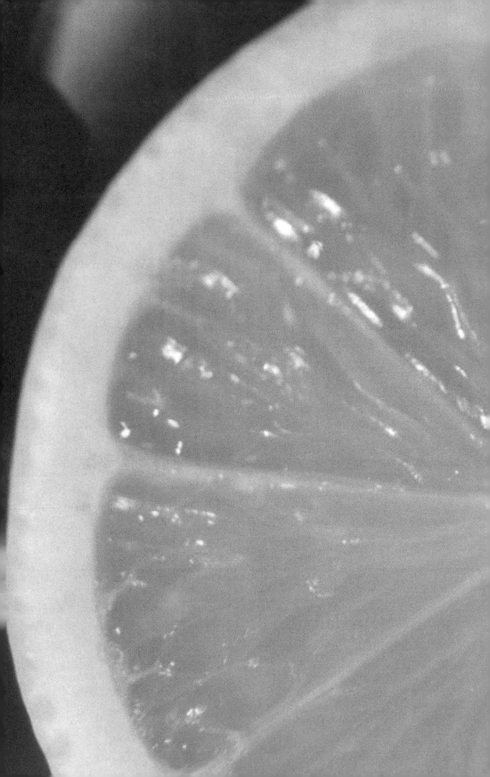

dor de la Universidad de Cambridge reunió a 19.500 sujetos, de entre 45 y 79 años. Los participantes completaron un detallado cuestionario sobre su dieta y estilo de vida. Los niveles de vitamina C en la sangre eran medidos periódicamente y cuando alguno de los sujetos estudiados fallecía, este hecho quedaba registrado automáticamente. Después de cuatro años, se descubrió que el grupo con los niveles de vitamina C más altos morían, por diversas causas, en un porcentaje 50% menor que el grupo con los niveles más bajos de esta vitamina. Aquellos hombres y mujeres con bajos niveles de dicha vitamina solían acabar padeciendo dolencias cardiovasculares o cáncer. Así, los científicos concluyeron que una simple porción extra de vitamina C (los vegetales o las frutas contienen de 30 a 250 miligramos de la misma) estaba asociada con una reducción del 20% del riesgo de fallecer durante los cuatro años del estudio.

Algunos expertos sostienen que nuestra incapacidad para fabricar este nutriente dentro de nuestro organismo es el resultado de la evolución. En efecto, del conjunto de todos los mamíferos que caminan, nadan o vuelan, nosotros estamos dentro del "selecto" grupo que no sintetiza vitamina C a partir de la glucosa en el hígado. Por eso debemos ingerirla de manera regular (otros primates están en el mismo barco, pero viven en entornos de plantas ricas en esta vitamina, por lo que puedan obtenerla fácilmente). Los animales que producen vitamina

C lo hacen en proporción al peso de sus cuerpos: ¡el equivalente a 10 o 12 gramos para los humanos! A la luz de estos hechos, la dosis recomendada diariamente para un adulto, de 60 a 100 miligramos por día, es insuficiente. Y también inadecuada en la ingestión promedio de las personas. Por ejemplo, se encontró que más de un tercio de los 500 pacientes ingresados en la clínica de Fénix, Arizona, tenía bajos niveles de esta importante vitamina antioxidante en la sangre.

Tal como se ha mencionado, la vitamina C también es conocida como "ácido ascórbico". Así, cuando a este ácido se le une sodio o calcio, se le denomina ascorbato de sodio o ascorbato de calcio. Este tipo de unión amortigua la acidez de dicha vitamina, lo que resulta necesario para evitar la irritación digestiva cuando se usan altas dosis de este nutriente. La vitamina C dona electrones con facilidad a los radicales libres, incluyendo a los radicales hidroxilo, superóxido e hipoclorito, lo cual es excelente para proteger el colesterol LDL contra la oxidación. También trabaja junto a la vitamina E donando electrones para "gastar" las moléculas (de esta última vitamina) que se han transformado en radicales libres ellas mismas durante el proceso de donar sus propios electrones. La acción de quebrar radicales libres es una de las múltiples funciones que desempeña la vitamina C en nuestro organismo, muchas de las cuales aún no son totalmente entendidas.

Muchas reacciones bioquímicas requieren la participación de la referida vitamina, incluyendo la síntesis del colágeno, el tejido conectivo del que están hechos los huesos, la piel, los vasos sanguíneos y los músculos. Pero tiene otras muchas funciones en el organismo, por ejemplo, favorece la absorción del hierro y desempeña una función esencial en el metabolismo del calcio. Otra de sus funciones es la de ayudar a combatir infecciones víricas y bacterianas. A continuación se mencionan algunas de las muchas formas en las que la vitamina C protege y promueve una salud óptima.

De acuerdo con dos estudios recientes, dosis de 500 miligramos diarios pueden reducir la presión arterial en un 10%.

Se ha descubierto que los suplementos de vitamina C pueden ayudar a revertir la disfunción endotelial (agarrotamiento y contracción de los vasos sanguíneos causada por una dieta alta en grasas saturadas y carbohidratos refinados). Un suplemento diario de 1 gramo (1.000 miligramos) de esta vitamina mejora la elasticidad de los vasos sanguíneos (si se añade vitamina E se aumenta el efecto).

Numerosos estudios han demostrado que esta vitamina protege contra los derrames y contra el daño cerebral que puedan causar los mismos.

Altas dosis (1.000 a 10.000 miligramos diarios) ayudan al organismo a resistir la gripe. Dos quiroprácticos de Salt Lake City recomendaron a 47 pacientes ingerir 1.000 miligramos de vitamina

C cada hora, durante seis horas, tan pronto como empezaran a sentir los primeros síntomas de la gripe. 23 de estos pacientes lograron aliviar dichos síntomas en las primeras seis horas, 19 lo lograron tras dos tratamientos de seis horas y cinco lograron alivio después de tres tratamientos del mismo número de horas.

Linus Pauling estaba en lo cierto. ¡La vitamina C sí ayuda a curar el resfriado común! Un profesor de la Universidad de Helsinki en Finlandia halló, durante el análisis de 21 estudios al respecto, que entre dos y seis gramos de vitamina C al día reducen en casi un tercio los síntomas del resfriado.

Las cremas ricas en vitamina C reducen las arrugas finas y la aspereza en pieles envejecidas y también mejoran la tonicidad y la complexión de la tez.

Los suplementos de vitamina C pueden ayudar a prevenir la osteoporosis. Un estudio con mujeres de mediana edad y ancianas descubrió que aquellas que tomaban suplementos de esta vitamina tenían una densidad ósea mucho mayor que las que no lo hacían.

COMA ALIMENTOS RICOS EN VITAMINA C
Y TOME SUPLEMENTOS

Mientras no pueda lograr una ingestión diaria de 500 o más miligramos de vitamina C sin suplementos, es muy importante que usted obtenga la mayor cantidad de este nutriente como le sea posible de la comida. La guayaba, el ají rojo y el verde dulce, el repollo de hojas rizadas, el perejil, las verduras de hojas verdes, el brócoli, el berro, la coliflor, el caqui, el repollo morado, las fresas, la papaya y las espinacas son ricos en esta vitamina. Las naranjas contienen menos proporción de la misma, pero también son una buena fuente de este nutriente, especialmente si se come la naranja entera junto con la cutícula blanca. Esta última resulta ser una fuente superior de bioflavonoides, otro nutriente que ayuda al cuerpo a absorber y utilizar mejor la vitamina C (en el capítulo 5 se hablará más de los flavonoides). Recuerde que la vitamina C de los alimentos se destruye con el calor y que se pierde cuando los alimentos llevan tiempo almacenados después de su recolección. Por ello, debe consumir los alimentos ricos en esta vitamina tan pronto como le sea posible, una vez que lleguen de los campos o los huertos, y con el mínimo de preparación.

Hay múltiples opciones cuando hablamos de los suplementos vitamínicos. Puede obtenerlos como tabletas, cápsulas o comprimidos masticables; incluso puede mezclar el ácido ascórbico en un zumo o en agua. Las tabletas masticables no son la mejor opción si se plantea ingerir 1.000 miligramos o más diarios porque la acidez puede dañar el esmalte de los dientes.

Tratándose de personas sanas, la mayoría de los expertos recomiendan por lo menos 1.000 miligramos diarios. Si está atravesando una etapa de estrés o nota los síntomas de una enfermedad como el catarro o la gripe, debe incrementar la dosis. Dosis más altas que las señaladas pueden causar diarrea; si esto le sucediera, detenga la ingestión hasta que esta desaparezca. Se cree que alcanzar el nivel de tolerancia del intestino (la dosis bajo la cual se produce una diarrea) constituye un signo claro de que se han sobrepasado los requerimientos de vitamina C del organismo, por lo cual volver a una dosis de 1.000 miligramos diarios le situará en un nivel de dosificación adecuado.

Si siente cualquier tipo de molestia gastrointestinal debida al ácido ascórbico, que es la forma más ácida, cambie a una presentación menos ácida (como el ascorbato de sodio o de calcio, con un pH 7).

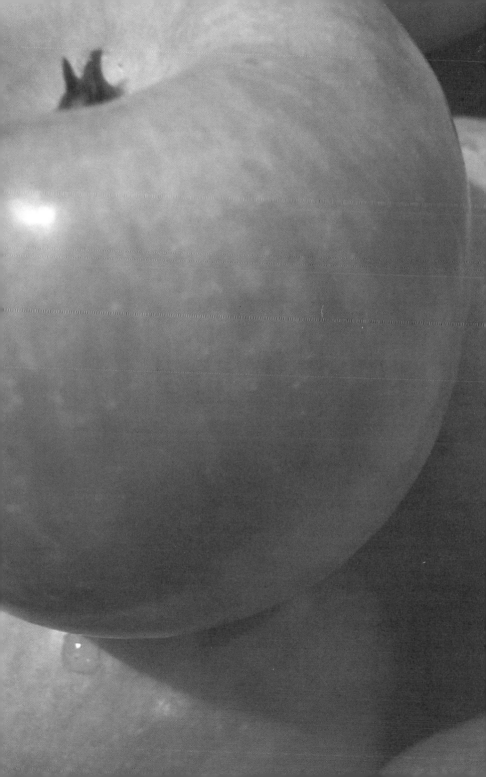

LA VITAMINA E: PROTECTORA DEL CORAZÓN

En la década de 1940, los médicos canadienses Wilfrid y Evan Shute descubrieron que los suplementos que contienen vitamina E natural podían revertir las enfermedades cardiovasculares. La "recompensa" que obtuvieron por estos descubrimientos fue similar a la obtenida por otros pioneros en el campo de la investigación nutricional: la mofa y el escepticismo de la comunidad médica, que se negaba a creer que una terapia tan simple y natural pudiera ser tan efectiva contra la primera causa de muerte en Norteamérica.

Los hermanos Shute continuaron recomendando suplementos de vitamina E a sus pacientes. Y ahora, décadas después, se ha reconocido la alta eficacia para prevenir estas enfermedades. Cardiólogos y otros especialistas rutinariamente recomiendan los suplementos de vitamina E para prevenir ataques al corazón.

Probablemente la prueba más destacada de los efectos protectores sobre el corazón de este antioxidante provenga de un estudio efectuado por Nigel G. Stephens y sus colegas de la Universidad de Cambridge. Este investigador decidió suministrar a 2.000 pacientes con enfermedad cardiovascular dosis altas de vitamina E natural o un placebo. El grupo que recibió la vitamina E redujo su incidencia de ataques al corazón en un 77% en comparación con el grupo que recibió el placebo.

VITAMINA E:
ANTIINFLAMATORIA Y PROTECTORA DE LOS ÁCIDOS GRASOS POLIINSATURADOS (AGPs)

La vitamina E es una parte de las membranas grasas que rodean a las células, y logra interceptar radicales libres deteniendo las reacciones oxidantes en cadena. Cuantos más ácidos grasos poliinsaturados encontramos en la membrana de una célula, más vitamina E se requerirá para prevenir el daño de los radicales libres. Los AGPs (omega 3 y omega 6) hacen a las membranas de la célula más flexibles, facilitando el paso de los nutrientes al interior de la célula y expulsando los desechos fuera de ella. Precisamente, la vitamina E protege estos delicados ácidos grasos contra la oxidación. Los eritrocitos (células de la sangre), las neuronas (células del sistema nervioso) y el epitelio que recubre los pulmones son algunas de las células que tienen niveles particularmente altos de AGPs.

Las células del sistema inmunológico que engullen a los patógenos (agentes causantes de la enfermedad) también requieren abundante vitamina E para protegerse contra la oxidación que tiene lugar cuando eliminan a un invasor.

A fin de entender la función de la vitamina E como antioxidante, es necesario recordar el vínculo existente entre la inflamación y la oxidación. En el capítulo 1 se explicó de qué manera la inflamación y la tensión producida por los radicales libres interactúa para transformar el colesterol LDL en material peligroso que puede causar la aparición de placas en las arterias.

Recientemente se ha desarrollado una nueva prueba para medir el riesgo de dolencias cardiacas: un examen que mide los niveles de la proteína reactiva C (PRC) en el torrente sanguíneo, puesto que esta es un indicador de la presencia de inflamación. Diversos estudios, llevados a cabo por Paul Ridker, de la Facultad de Medicina de Harvard, han revelado que altos niveles de PCR incrementan entre dos y cuatro veces la probabilidad de un ataque al corazón.

Asimismo, diversos estudios han demostrado que altas dosis de vitamina E logran reducir los niveles de PCR. En efecto, un grupo de investigadores de la Universidad de Otago en Nueva Zelanda constató que los niveles de PCR disminuyeron a la mitad en sujetos que habían ingerido 800 UI de vitamina E durante cuatro semanas (la vitamina C y el licopeno no tienen los mismos efectos). A través de otro estudio, se pidió a 72 personas que tomaran 1.200 UI de vitamina E diarias. Algunas de ellas eran diabéticas, algunas padecían dolencias cardiacas y otras estaban sanas. En los tres grupos, los niveles de PCR cayeron en un promedio de 30% y los niveles de otro indicador de la inflamación, el "padre" del PCR, denominado interleuquina-6, cayeron en un 50%.

La vitamina E posee otros efectos antiinflamatorios, como la inhibición de COX-2, una sustancia elaborada en el organismo que favorece la inflamación, inhibiendo las moléculas de adhesión, y que se ha relacionado con la aparición de cáncer.

Los efectos antiinflamatorios de la vitamina E ayudan a explicar por qué esta posee efectos curativos en las personas que sufren artritis reumatoide (AR), una inflamación crónica de las articulaciones. Un estudio publicado en *Anales de las Dolencias Reumáticas* demostró que 900 UI de vitamina E, dos veces diarias, pueden reducir el dolor de la AR en casi el 50% y el 60% de los pacientes que estaban ingiriendo esta vitamina, durante el transcurso del estudio de doce semanas de duración, dijeron sentirse mucho mejor.

Por otro lado, las alergias respiratorias también pueden responder muy bien a la vitamina E. Un estudio de la Universidad de Nottingham, en Inglaterra, reveló que aquellas personas cuya dieta era rica en dicha vitamina tenían niveles más bajos de la inmunoglobulina E, o IgE, que funciona como indicador de las reacciones alérgicas. Distintos estudios con animales han obtenido réplicas de estos resultados y han logrado demostrar que la alta ingestión de la vitamina E como suplemento alimenticio reduce las concentraciones en la sangre de proteínas proinflamatorias denominadas "citoquinas".

LA VITAMINA E:
PROTECTORA CONTRA LOS RADICALES LIBRES
GENERADOS POR EL EJERCICIO FÍSICO INTENSO

En la década de 1970 una serie de investigaciones, llevadas a cabo en la Universidad de California, demostraron que el ejercicio incrementa la peroxidación de lípidos, especialmente en ambientes donde existe un alto nivel de ozono. Se ha probado que altas dosis de vitamina E resultan muy efectivas para reducir dicha peroxidación.

Más recientemente, investigadores alemanes analizaron las muestras de sangre de un grupo de hombres que acababan de correr hasta el agotamiento durante una prueba de rutina de ejercicios. Encontraron un daño considerable en el ADN comparando dichas muestras con otras que se tomaron antes de iniciarse el ejercicio. Se encontró, además, que 1.600 UI de vitamina E, ingeridas dos veces al día, antes de la prueba, más 800 UI tomadas el día después, reducen el referido daño. Finalmente, los investigadores decidieron suministrar a los sujetos estudiados 1.200 UI de vitamina E diarias durante dos semanas antes de la prueba física. Esta dosis logró prevenir cualquier tipo de daño al ADN en cuatro de cada cinco sujetos y redujo el mismo en una quinta parte. Dicho estudio fue publicado en la edición del mes de abril de 1995 de la revista *Mutation Research*.

Vitamina E, selenio y cáncer de próstata

Se está llevando a cabo un extenso ensayo clínico destinado a determinar los efectos de la vitamina E (400 UI/diarias) y del selenio (200 microgramos/ diarios) sobre el riesgo en los hombres de desarrollar cáncer de próstata. El cáncer de próstata afecta a uno de cada seis hombres y constituye el segundo cáncer más común en la población masculina americana. Hasta el momento, los resultados de este ensayo indican que esta combinación de nutrientes efectivamente protege la glándula prostática contra la mutación cancerosa.

Cabe precisar que dos estudios anteriores establecieron las bases de este descubrimiento. En 1996, un grupo de hombres y mujeres tomaron selenio con el fin de prevenir el melanoma, o cáncer de la piel. Los riesgos de contraer dicho cáncer de la piel no disminuyeron, pero en los hombres disminuyeron en un 60% los casos de cáncer de próstata. En otro estudio, realizado en 1998 por investigadores finlandeses, se le dio, indistintamente, a 29.100 hombres fumadores un placebo o vitamina E. Durante el transcurso de dicho estudio, los que recibieron la vitamina presentaron una disminución del 32% en los casos de cáncer de próstata.

Además de la prevención del cáncer de próstata, hay varios estudios que indican que la asociación de estos dos antioxidantes puede ser beneficiosa en la prevención de otro tipo de cánceres, como pulmón y estómago, y que podría inhibir la formación de algunos tumores.

LA VITAMINA E, EL ALZHEIMER Y LA DIABETES

El Alzheimer provoca una serie de cambios característicos en el cerebro. Ciertos depósitos de una sustancia denominada "beta-amiloidea" han sido vinculados con esta enfermedad, aunque aún no se ha establecido claramente si se trata de una causa o un efecto de la misma. Por otro lado, la beta-amiloidea se relaciona con una oxidación excesiva en el cerebro. Asimismo, actualmente se cree que la actividad de los radicales libres está muy relacionada con esta enfermedad. Las investigaciones han demostrado que altas dosis de vitamina E, a través de la alimentación, pueden disminuir el riesgo de contraer esa enfermedad. No obstante, el uso de este nutriente no ha sido ampliamente recomendado para prevenir el Alzheimer, por cuanto algunos estudios relacionados con la vitamina E han fallado al momento de mostrar beneficios significativos en la prevención de esta dolencia.

En el caso de la diabetes ha sucedido lo mismo: es aceptado como un hecho científico que la sobrecarga de radicales libres juega un papel determinante en el desarrollo de la diabetes tipo 2 en los adultos y que altas ingestiones de vitamina E

están relacionadas con una disminución del riesgo de desarrollar esta enfermedad. Se ha descubierto que las dietas ricas en nutrientes antioxidantes ayudan a proteger al organismo contra la diabetes y las complicaciones derivadas de ella. Sin embargo, los estudios sobre los efectos de los suplementos antioxidantes sobre esta dolencia no han sido muy convincentes. ¿Por qué? Pues porque la mayor parte de dichos estudios solo han empleado un nutriente y los antioxidantes no funcionan de esta manera en la naturaleza, ya que necesitan de otros para realizar su trabajo en el organismo.

LOS NUTRIENTES ANTIOXIDANTES TRABAJAN CONJUNTAMENTE

Aquellos que han diseñado estudios destinados a mostrar los beneficios de un nutriente antioxidante específico se han enfrentado al hecho de que altas dosis de nutrientes solos no poseen los beneficios que esperaban. Ello sucede porque los nutrientes han sido creados para trabajar cooperativamente entre ellos. No obstante, cuando los investigadores tratan de incorporar en sus estudios más de un nutriente, se les acusa de poca rigurosidad científica, por cuanto no aíslan los efectos de cada nutriente con el fin de que las acciones de los mismos puedan ser mejor entendidas.

La vitamina E es "reciclada" por la vitamina C y por el glutatión, un antioxidante considerado endógeno porque es elaborado por el organismo (véase el capítulo 4 para encontrar más información sobre esta sustancia). Cuando sobre la vitamina E actúa un radical libre, comienza a oxidarse, esto es, pierde un electrón. La vitamina C y el glutatión donan electrones a la vitamina E para que esta pueda renovar su poder antioxidante.

Esta clase de sinergia ocurre en una escala más amplia entre muchas de las otras sustancias antioxidantes que serán tratadas en este libro.

Recuerde aquellos estudios que generan cierto temor en los usuarios de antioxidantes sugiriendo que algunos de ellos pueden causar determinadas enfermedades relacionadas con el estrés de los radicales libres, y se ha hablado incluso de cáncer. Uno de los estudios era aquel llevado a cabo sobre el beta-caroteno en los fumadores; otro estudio con tubos de ensayo sobre la vitamina C sugería que altas dosis de la misma podía dañar el ADN. Los resultados de ambas investigaciones estaban directamente relacionados con una ingestión desequilibrada de nutrientes antioxidantes que puede crear una intensificación de la oxidación en el organismo a largo plazo.

LAS VITAMINAS C Y E PROTEGEN AL ORGANISMO FRENTE A LAS LESIONES POR REPERFUSIÓN

Gran parte del daño que sufre una persona que sobrevive a un ataque al corazón o a un derrame oclusivo (cuando un vaso sanguíneo del cerebro se atasca y se constriñe por la acción de placas de colesterol) es el resultado de una lesión por reperfusión. El fluido sanguíneo a una parte del corazón y del cerebro se paraliza temporalmente. Cuando se restituye dicho fluido, se produce un torrente de radicales libres que no pueden ser contrarrestados por las defensas antioxidantes naturales del organismo. De acuerdo con un reciente estudio llevado a cabo por investigadores de la Universidad de Columbia, se halló que la forma oxidada de la vitamina C (el ácido dehidroascórbico, que puede ser nuevamente convertido a vitamina C cuando es reducido por otro antioxidante como la vitamina E) fluye fácilmente a través de la barrera de sangre del cerebro en ratones de laboratorio.

Cuando se ingiere ácido dehidroascórbico después de un derrame, se puede prevenir ¡más del 95% del daño que este derrame produce! Estos resultados fueron tan destacados que los investigadores decidieron recomendar el uso de la vitamina C como medicamento para tratar a los pacientes después de un derrame.

LAS VITAMINAS E Y C CONTRA EL ALZHEIMER

Un estudio, publicado en la emisión de enero del 2004 de la revista *Archivos de Neurología*, reportó los resultados de la ingestión de suplementos de las vitaminas E y C por un grupo de 3.200 residentes del Condado de Cache, en Utah, que rondaba los 65 años de edad. Los investigadores descubrieron que 185 de los participantes sufrían demencia y 104 se encontraban en la etapa inicial del Alzheimer. Se preguntó a los participantes por el uso que habían dado a los suplementos y resultó que aquellos que habían usado una combinación de las vitaminas C y E eran menos proclives a contraer Alzheimer. Los sujetos que tomaron las vitaminas E, C y el complejo B por separado o una combinación de la C con complejos de multivitaminas no redujeron su riesgo de contraer Alzheimer. Por el contrario, aquellos que ingirieron vitamina E y multivitaminas a la vez o las vitaminas E y C juntas tenían los riesgos más bajos de contraer esta enfermedad.

ELEGIR EL SUPLEMENTO ADECUADO DE VITAMINA E

Aunque generalmente se considera a la vitamina E solo como un nutriente, lo cierto es con este nombre se designa a una familia de ocho componentes relacionados entre sí. Estos componentes están divididos en dos categorías, los tocoferoles y los tocotrienoles. El alfa-tocoferol es el que tiene mayor actividad antioxidante, seguido del beta-tocoferol. El siguiente en la lista de los antioxidantes más potentes es el alfa-tocotrienol, luego está el gamma-tocoferol y finalmente el delta-tocoferol. El alfa y el gama-tocoferol usualmente se encuentran en los alimentos.

Se reconoce universalmente que el alfa-tocoferol (en su forma natural, d-alfa-tocoferol, y no el dl-alfa-tocoferol sintético) es el mejor a la hora de ingerirlo en la forma de suplemento. Sin embargo, datos recientes sugieren que usando solo alfa-tocoferol podría mermarse el gamma-tocoferol en el cuerpo, lo que sería muy perjudicial, toda vez que esos mismos estudios han mostrado que este último puede actuar mejor como antiinflamatorio y prevenir mejor el cáncer que el alfa-tocoferol.

En este punto, lo más acertado será escoger un suplemento de vitamina E natural que contenga alfa y gamma-tocoferol, y también algunos de los tocoferoles y tocotrienoles. Lo recomendable para personas sanas sería una dosis de 400 a 800 UI diarias. Ahora bien, si usted padece de cáncer, enfermedad cardiovascular o inflamatoria crónica, su dosis deberá ser más alta, pero siempre bajo la supervisión de un médico nutricionista. La vitamina E tiene propiedades anticoagulantes, así que deje de tomar el suplemento dos semanas antes de una cirugía y no tome dosis muy elevadas si está empleando medicación anticoagulante.

Ingiera la vitamina E junto con comidas que tengan grasas para una mejor absorción y, si está usando suplementos de aceite de pescado, tómelos a la vez que dicha vitamina.

FORMAS ESPECIALES DE LA VITAMINA E PARA TRATAR EL CÁNCER DE MAMA

A través de algunos estudios, se ha logrado determinar la existencia de una forma natural de la vitamina E denominada "alfa-tocoferol succinato" que inhibe el crecimiento de las células cancerígenas del cáncer de mama. No obstante, parece ser que los tocotrienoles poseen el potencial más significativo para lograr hacer más lento el crecimiento de los tumores cancerígenos en las mamas e incluso para reducir las posibilidades de que estas células se formen.

Además, otros estudios clínicos realizados sobre la recepción positiva de estrógenos de las células cancerígenas en las mamas han hallado que los tocotrienoles logran inhibir el crecimiento de dichas células en un 50%. Este efecto inhibitorio se ha apreciado en bajas concentraciones de tales tocotrienoles, mientras que para lograr este mismo efecto se ha requerido concentraciones más altas de alfa-tocoferol succinato. Asimismo, los estu-

dios antes mencionados han demostrado que los tocotrienoles causan la apoptosis (muerte de las células) de las células cancerígenas en la mama.

De la misma manera, distintos estudios llevados a cabo con los tocoferoles encontrados en el aceite de palma indican que cuando este se añade al tamoxifeno (fármaco destinado a combatir el cáncer de mamas), dicho medicamento aumenta en gran medida su efectividad. Uno de estos estudios encontró que el tamoxifeno solo reducía el crecimiento de la recepción positiva de estrógeno de las células cancerígenas en un 50%, pero cuando se añadían tocotrienoles el crecimiento del poder inhibitorio se incrementaba en un 95%.

Además se ha encontrado que el tocotrienol reduce la dosis requerida de tamoxifeno para inhibir el crecimiento del cáncer de mama, lo cual resulta muy positivo, considerando los efectos secundarios de este fármaco. Por el contrario, estudios similares han encontrado que el alfa-tocoferol más bien incrementa los requerimientos de tamoxifeno. Por ello, aquellas mujeres que padezcan cáncer de mama y estén usando este medicamento deberán evitar ingerir altas dosis de alfa-tocoferol solo.

¿Qué cantidad de tocotrienol debe usted tomar para prevenir o hacer más lento el avance del cáncer de mama? De acuerdo a una revisión de las investigaciones recientes sobre el tema, realizada por la Fundación Extensión de la Vida, 90 miligramos (aproximadamente el equivalente a 90 UI) serán suficientes para aumentar considerablemente las concentraciones de tocotrienol en la sangre y en las mamas. Más aún, usted puede ingerir, con la mayor seguridad, más de 240 miligramos al día.

4

ANTIOXIDANTES DEL ORGANISMO

L a mayoría de las personas que toman su plementos vitamínicos y minerales saben que muchas vitaminas son antioxidantes, y saben también que los minerales pueden ser indispensables para luchar contra el daño producido por los radicales libres. Muchas personas han oído hablar de los antioxidantes fotoquímicos (compuestos propios de las plantas, entre los que destacan los polifenoles), que más adelante se abordarán con mayor profundidad. No obstante, la mayoría desconoce que su propio cuerpo puede elaborar sustancias antioxidantes para hacer frente a la constante producción de radicales libres debida a las reacciones metabólicas.

Hasta hace muy poco no se prestaba mucha atención a estos antioxidantes endógenos (elaborados en el cuerpo). Ello puede deberse al siguiente razonamiento: si no podemos aumentar la actividad de estos antioxidantes, como sí podemos incrementar los niveles de las vitaminas y minerales antioxidantes en nuestros organismos a través de una dieta adecuada y del uso de suplementos, ¿para qué prestarles atención? Evidentemente, es mejor concentrarnos en aquello que si podemos controlar, ¿no?

Sí y no. Resulta que los antioxidantes endógenos que nuestro cuerpo produce (incluidos la coenzima Q10, el glutatión y el ácido alfa-lipoico) pueden ser reforzados con suplementos y ello puede producir un beneficio realmente considerable. En efecto, pese a que nuestros cuerpos elaboran estas sustancias, añadirle más a esta mezcla mediante suplementos adecuados puede significar una enorme diferencia en nuestra salud.

A medida que envejecemos, nuestras células producen cada vez menos de estos antioxidantes endógenos y se cree que dicha disminución contribuye directamente al envejecimiento y a las enfermedades crónicas relacionadas con la edad. Asimismo, se ha comprobado que el incremento de los niveles celulares de los antioxidantes naturales, mediante suplementos, puede ayudar a controlar o prevenir dolencias asociadas a la edad, como el cáncer, la diabetes, las enfermedades cardiovasculares y el Alzheimer.

LA COENZIMA Q10 (CoQ10),
ELEMENTO CLAVE DEL METABOLISMO

En el interior de cada una de las células de nuestro cuerpo, diminutos "motores" denominados "mitocondrias" trabajan constantemente para producir energía a partir de los carbohidratos y grasas que ingerimos a través de nuestra dieta. Resulta difícil imaginar que aquel panecillo que comimos esta mañana terminará convertido en moléculas de carbohidratos que, a su vez, serán transformadas en adenosín trifosfato (ATP), esto es, la energía del cuerpo. Este proceso, conocido como "metabolismo", es el que hace posible que se produzca la regeneración celular.

El metabolismo es un complejo proceso de reacciones químicas que se producen en las células vivas. En este proceso intervienen docenas de reacciones bioquímicas y las enzimas participan en cada una de dichas reacciones. Precisamente, sin esas enzimas el metabolismo cesaría rápidamente.

Igual de importantes resultan las coenzimas, que trabajan conjuntamente con las enzimas para permitirles llevar a cabo sus funciones. La mayor parte de las vitaminas del grupo B, muchos minerales y ciertas sustancias parecidas a las vitaminas llamadas "quinonas" (componentes biológicos importantes) son coenzimas. Una de estas quinonas es la ubiquinona, uno de los nombres científicos con los que se conoce a la coenzima Q10 (CoQ10).

Asimismo, podemos hallar componentes relacionados en las células de las plantas (plastoquinonas) e incluso en las bacterias (menaquinonas). La CoQ10 se encuentra en todas y cada una de las células animales, lo cual explica por qué su nombre científico, ubiquinona, tiene la misma raíz que la palabra *"ubiquitous"*. Cuanto más alto sea el requerimiento de energía de un órgano, más alta será la concentración de CoQ10.

En el interior de las paredes del corazón las concentraciones de CoQ10 son el doble que las de otros músculos de nuestro cuerpo. Como los riñones y el hígado trabajan mucho para neutralizar a las toxinas y deshacerse de ellas, también contienen altas concentraciones de CoQ10. Por ello, las investigaciones han demostrado que aquellas personas que sufren dolencias cardiacas o enfermedades relacionadas con el hígado o los riñones tienen bajos niveles de CoQ10. Así, una deficiencia de este nutriente afectará seriamente a estos órganos.

DISMINUCIÓN DE LOS NIVELES DE CoQ10 CON LA EDAD

Los picos de la producción de CoQ10 se producen alrededor de los 20 años. Cuando cumplimos 80, la mayor parte de nuestros niveles de CoQ10 han disminuido en un 65%. Para elaborar esta sustancia, nuestras células requieren numerosas vita-

minas del grupo B, minerales y vitamina C. Más aun, si no ingerimos las cantidades adecuadas de estos nutrientes, nos encontramos en un gran riesgo de no obtener los antioxidantes endógenos suficientes para sobrevivir. Los fármacos de estatinas (inhibidores de la HMG-CoA reductasa), como el Pravachol y el Lovastatin, son ampliamente prescritos por los médicos para controlar el colesterol. No obstante, merman la producción de CoQ10 significativamente, lo cual resulta perjudicial a largo plazo para la salud del corazón. Asimismo, una dieta con carencias, el estrés crónico y el ejercicio extremadamente intenso también disminuyen las reservas de CoQ10 del cuerpo.

Algunos expertos sostienen que el poder oxidante de la CoQ10 excede largamente el de la vitamina E. Esta sustancia trabaja conjuntamente con dicha vitamina, renovando el alfa-tocoferol cuando este se transforma en un radical libre. Al igual que la vitamina E, la CoQ10 protege a los lípidos (grasas) y a las proteínas contra la peroxidación producida por los radicales libres, incluyendo el colesterol LDL en el torrente sanguíneo.

Las mayores concentraciones de CoQ10 se encuentran en la membrana interna de la mitocondria, lugar donde se producen los radicales libres durante el metabolismo. Este antioxidante endógeno también protege a las células contra el exceso de radicales libres que se genera cuando los glóbulos blancos luchan contra una infección.

LA CoQ10, ES UN ANTIOXIDANTE IDÓNEO PARA EL CORAZÓN

Cuanto más avanzada sea la dolencia cardiaca de una persona, menores serán sus niveles de CoQ10. Esta relación motivó a un grupo de investigadores a estudiar más a fondo las formas en las cuales este antioxidante protege la salud del corazón. Cuando la CoQ10 disminuye dentro del músculo del corazón, los resultados pueden tardar años en manifestarse. Así, se cree, por ejemplo, que una leve carencia de este nutriento causa, con el tiempo, un daño al músculo del corazón y a las arterias coronarias (los vasos que alimentan dicho músculo), puesto que los radicales libres se disparan dentro y fuera de las mitocondrias.

Durante un ataque cardiaco, se produce una explosión de radicales libres que puede causar un daño extensivo en el músculo del corazón. Cuando el fluido sanguíneo es restaurado abruptamente a través de una arteria que se encuentra atascada, puede generarse una lesión por reperfusion (efecto adverso que se produce al restablecerse la circulación) que daña el referido músculo, debilitando su capacidad de bombeo.

En un importante estudio, un grupo de especialistas trató a un grupo de ratas con CoQ10, aislando sus corazones vivos y provocando un ataque al corazón en cada uno de ellos. Después de 25 minutos de isquemia (falta de fluido sanguíneo a una parte del

músculo del corazón debido a un vaso constreñido), se permitió que los corazones volvieran a reperfusionar (se llenaran con sangre oxigenada) durante 40 minutos más. Comparando este grupo con otro grupo de ratas al que se le dio una solución salina en lugar de CoQ10, encontramos que el primero presentaba un menor daño, producto de la oxidación, en las mitocondrias de sus corazones. Finalmente, los investigadores concluyeron que ingerir suplementos de CoQ10 durante un periodo podría ayudar significativamente al músculo del corazón a recuperar su habilidad después de un ataque.

Otro estudio, llevado a cabo por expertos alemanes, evaluó los efectos de un tratamiento combinado de selenio y CoQ10 en 71 pacientes que habían sufrido un ataque al corazón. 32 de ellos recibieron, inmediatamente después del ataque, 500 microgramos de selenio y luego recibieron diariamente, durante un año, 100 miligramos de CoQ10 y 100 microgramos de selenio. La otra mitad de los pacientes recibió preparaciones de placebo. Después de un año, un electrocardiograma mostró que el intervalo QT (un indicador de daño en el corazón) había desaparecido en el grupo que había recibido selenio y CoQ10, mientras que en el otro grupo un 40% presentaba una continuación del QT. Asimismo, durante la etapa de seguimiento, se constató que un 20% del grupo que recibió el placebo falleció como consecuencia de un ataque al corazón, mientras que en el grupo que recibió los antioxidantes solo una persona falleció por causas no relacionadas con el corazón.

De la misma manera, la CoQ10 tiene la capacidad de prevenir los ataques al corazón. Así, en cuadros de ateroesclerosis (patología en la que se forman ateromas, placas de grasa, en las paredes de las arterias) en animales, se ha hallado que esta sustancia inhibe la formación de lesiones derivadas de esta enfermedad.

La CoQ10 para la insuficiencia cardiaca

La propiedad de la CoQ10 que viene siendo estudiada más a fondo es aquella que hace que esta sustancia actúe como una importante ayuda para los pacientes con fallos en el corazón. El fallo del corazón es una consecuencia muy común derivada un ataque o de una dolencia viral cardiaca. Supone que un corazón ha sido debilitado hasta el punto de no tener suficiente fuerza para bombear adecuadamente la sangre a través del sistema cardiovascular.

A principios de la década de los ochenta, Kart Folkers y Per H. Langsjoen llevaron a cabo el primer estudio usando el CoQ10 para tratar fallos en el corazón. Sus sujetos de estudio (19 pacientes cuya muerte se esperaba en cualquier momento debido a fallos en el corazón) experimentaron una extraordinaria mejora clínica tras recibir CoQ10. Posteriormente, el Dr. Langsjoen llevo a cabo un estudio con 806 pacientes que padecían insuficiencia cardiaca y dolencias cardiacas isquémicas. Dichos pacientes fueron tratados por 65 cardiólogos y la impresión general que se obtuvo fue que la CoQ10 fue muy beneficiosa.

Otro ensayo clínico comparó los efectos producidos por la CoQ10 en 319 pacientes con otro grupo de 322 pacientes que recibieron solo placebo. El primer grupo redujo la aparición de complicaciones generadas por fallos en el corazón y las necesidades de hospitalización. Finalmente, un estudio realizado en 173 centros médicos de Italia, en el que participaron 2.500 pacientes con fallos de corazón, probó la eficacia de una dosis de 50-150 miligramos de CoQ10 diarios. Los resultados fueron óptimos, experimentando el 80% de los pacientes tratados algún tipo de mejora.

En líneas generales, el estudio demostró que la ingestión de suplementos de CoQ10 por parte de pacientes que han padecido un ataque al corazón reduce las anginas de pecho, las arritmias y taquicardias y el estrés producido por los radicales libres en el músculo cardiaco, todo lo cual mejora notablemente la fuerza de bombeo del corazón. Gracias a este antioxidante, el número de muertes cardiacas y de ataques al corazón no fatales se redujo en los sobrevivientes a dichos ataques. Asimismo, se ha comprobado que la CoQ10 ayuda a reducir la presión arterial elevada, síndrome que constituye un factor de riesgo mayor para las dolencias arteriales y coronarias.

IMPORTANCIA DE LA RELACIÓN ENTRE LA CoQ10 Y LAS ESTATINAS

Las estatinas, un medicamento, interfieren en la producción de colesterol, pero también lo hacen con la de CoQ10. A medida que aumenta el reconocimiento de la importancia de este antioxidante para mantener saludable al corazón, se está generalizando su consumo entre quienes toman este medicamento (cuyo número va en aumento y hoy supera los 30 millones). Hay evidencias de que esto mejora los beneficios que puedan obtenerse de estos fármacos y probablemente ayude a evitar la fatiga que muchos usuarios experimentan como efecto secundarios.

CoQ10 PARA COMBATIR EL CÁNCER

Las investigaciones realizadas sobre los efectos protectores del CoQ10 contra el cáncer aún se encuentran en las fases iniciales. No obstante, la evidencia preliminar que se ha logrado reunir es bastante alentadora.

Así, parece que la CoQ10, como sucede con muchos otros antioxidantes, protege al ADN contra el daño producido por la oxidación. Se cree que esta acción prevé el desarrollo inicial del crecimiento cancerígeno. De la misma manera, parece que este nutriente puede desempeñar un papel importante frente a tumores que ya se han formado.

Un cirujano oncólogo danés, Lockwood, trató a 32 pacientes que padecían de cáncer de mama de alto riesgo con una combinación de vitaminas antioxidantes, CoQ10 y ácidos grasos esenciales. De acuerdo a su informe, publicado el 30 de marzo de 1994 en la revista *Biochemical and Biophysical Research Communications*: "Ninguna paciente falleció y todas expresaron un sentimiento de bienestar (...) Estos resultados son muy alentadores, puesto que se esperaba cuatro muertes. Ahora, después de 24 meses, pese a que se seguía esperando seis muertes por el cáncer, todos los pacientes siguen viviendo". Seis de los sujetos estudiados experimentaron una remisión parcial de sus tumores. Una paciente tuvo una recidiva de su cáncer tras una la lumpectomía y con una dosis de 390 miligramos de CoQ10 diarios, ¡el tumor desapareció!

Otra de las pacientes, que tenía 74 años en ese momento, se negó a someterse a una segunda cirugía cuando el cáncer reapareció. Después de tres meses de ingerir 300 miligramos de CoQ10 al día, una mamografía y un examen revelaron que no existía ningún tumor o metástasis (expansión del tumor original en otras partes del cuerpo). El Dr. Lockwood escribe en su artículo que, habiendo tratado más de 7.000 casos de cáncer de mama a lo largo de 35 años, nunca había sido testigo de una regresión completamente espontánea de 1,5 a 2 centímetros en un cáncer de mama y nunca había presenciado una regresión comparable en ninguna terapia convencional que combata los tumores.

Por otro lado, se ha descubierto que las mujeres que sufren de cáncer cervical poseen bajos niveles de CoQ10. Asimismo, un estudio llevado a cabo con 200 mujeres con cáncer de mama reveló deficiencias de CoQ10 en las lesiones cancerosas y no cancerosas. En este sentido, cuanto más bajas sean las concentraciones de CoQ10, las prognosis en las mujeres resultan ser peores.

En conclusión, parece que la CoQ10 posee la propiedad de mejorar y aumentar los efectos inmunizadores del cuerpo, lo que conduce a hacer más sólidas las defensas naturales del organismo contra el cáncer.

OTROS BENEFICIOS DE LA CoQ10

Los tejidos enfermos de las encías (aquellos que son afectados con gingivitis o periodontitis) poseen bajos niveles de CoQ10. Ciertos estudios han revelado los efectos curativos de esta sustancia sobre dichos tejidos cuando se ingiere o cuando está contenida en un enjuague bucal.

Por otro lado, las manchas de la edad son el producto de una disfunción mitocondrial en las células de la piel. La CoQ10 tópica se ha convertido en un método de última generación para retrasar el envejecimiento de la piel y se encuentra en muchos productos destinados al cuidado y embellecimiento de la piel.

Asimismo, las enfermedades neurodegenerativas, como el Parkinson y el Alzheimer, han sido vinculadas a una disfunción mitocondrial y al trastorno resultante en la capacidad de las células para producir la energía requerida. El Alzheimer en particular ha sido asociado a una sobrecarga de radicales libres en el cerebro. No obstante, todavía no se ha probado que la CoQ10 pueda prevenir las enfermedades neurodegenerativas, pero sí existe evidencia que demuestra que ingerir suplementos de este nutriente puede hacer más lento el declive cognitivo en las personas que padecen estas dolencias.

De la misma manera, la obstrucción crónica pulmonar (OCP) se caracteriza por la presencia de una tos crónica y dificultades para respirar. Como sucede con muchas personas con enfermedades crónicas, aquellos que padecen esta enfermedad tienen, en comparación a las personas sanas, bajas concentraciones de CoQ10. En efecto, un importante estudio clínico demostró que los pacientes con OCP habían mejorado su tolerancia al ejercicio luego de emplear dosis bajas de CoQ10 (90 mg diarios durante ocho semanas).

¿CUÁL ES LA DOSIS RECOMENDABLE DE CoQ10?

No es posible obtener cantidades significativas de CoQ10 de los alimentos. Si usted desea disfrutar los beneficios descritos en estas páginas, deberá hacer uso de suplementos. Ahora bien, cualquier cantidad de CoQ10 que usted pueda obtener de las carnes rojas, el pescado, las espinacas o los frutos secos también será beneficiosa para su salud. No obstante, para lograr un bienestar general lo adecuado sería ingerir entre 10 y 150 miligramos al día de este nutriente. Dosis más altas también son seguras, pero debemos mencionar que se han presentado algunos efectos secundarios, como pérdida de apetito, diarrea y nauseas. Aquellos que padecen cardiopatías o cáncer deberán consultar con su médico acerca de la mejor dosis para ellos. A través de un estudio sobre la enfermedad de Parkinson, se comprobó que la dosis diaria más efectiva es de 1.200 miligramos y algunos pacientes con problemas cardiacos pueden necesitar entre 200 y 400 miligramos o más diarios.

Dado que se trata de una sustancia extremadamente soluble en grasa, la CoQ10 se absorbe mejor ingiriéndolo bajo una presentación aceitosa. Las mejores presentaciones se disuelven previamente en aceite dentro de una cápsula de gelatina.

EL ÁCIDO ALFA-LIPOICO (ALA): UN ANTIOXIDANTE MUY VERSÁTIL

En la edición de febrero de 2002 de la revista *Proceedings of the National Academy of Sciences*, se publicaron los resultados de tres estudios. Dichos resultados lograron cambiar la mentalidad de muchos escépticos respecto a los efectos contra el envejecimiento de ciertos suplementos de nutrientes específicos.

Los referidos estudios fueron conducidos por un grupo de investigadores de la Universidad de California, en Berkeley, y por el Instituto de Investigación del Hospital de Niños de Oakland. Bruce Ames (uno de los pioneros en la investigación sobre antioxidantes, quien además da nombre a la prueba que mide la actividad antioxidante) y sus colegas trabajaron con ratas a quienes administraron una combinación de dos nutrientes: el ácido alfa-lipoico y la acetil-L-carnitina. Esta combinación produjo efectos casi "milagrosos" rejuveneciendo a ratas viejas, lo cual asombró profundamente al equipo investigador. El Dr. Ames solía decir en broma "con estos dos suplementos juntos estas viejas ratas se levantaron y bailaron *Macarena*".

Al inicio del estudio, las ratas tenían de 20 a 24 meses, lo que equivale a 75-80 años en los humanos. Cuando se les proporcionaron los dos suplementos, el resultado en las pruebas de memoria de estos animales mejoró, se volvieron más activas y energéticas, la producción de sustancias antioxidantes en sus organismos aumentó y sus funciones mitocondriales mejoraron.

En uno de los tres estudios realizados por Ames y sus colegas, se demostró que el ácido alfa-lipoico y la acetil-L-carnitina reducen el daño producto de la oxidación y la decadencia estructural en el hipocampo, la parte del cerebro que se deteriora en los pacientes que padecen Alzheimer. Más aún, se cree que la pérdida de la memoria relacionada con la edad se debe en parte al daño producido en el cerebro por los radicales libres.

La acetil-L-carnitina tiene muchas propiedades, pero no se conocen sus efectos antioxidantes. A través de estas páginas, intentamos centrarnos en las razones por las cuales el ácido alfa-lipoico revierte los efectos del envejecimiento en las ratas y, por ende, podría hacer lo mismo con humanos.

VENTAJAS DEL ÁCIDO ALFA-LIPOICO

Las mitocondrias son la fuente de la mayor producción de radicales libres en el cuerpo. Muchos científicos que estudian hoy el proceso de envejecimiento consideran que el declive oxidativo de estos orgánulos constituye el primer paso en la menor actividad celular relacionada con la edad. A través de sus investigaciones, Bruce Ames descubrió que la acetil-L-carnitina y el ácido

lipoico (sustancias que se producen naturalmente en las células) pueden retrasar el proceso de envejecimiento mitocondrial.

Al igual que la CoQ10, el ALA trabaja como una coenzima durante el proceso metabólico que se desarrolla dentro de la mitocondria. Sintetizado en las células, tanto de humanos como de plantas, el ALA contiene dos moléculas de azufre que pueden ser oxidadas o reducidas. Así tenemos que este ácido es un poderoso antioxidante por "derecho propio" y puede "recargar" a las vitaminas C y E, así como a la CoQ10 y al glutatión, una vez que estas sustancias han logrado reducir por sí mismas a los radicales libres. Más aún, se ha comprobado que el ALA es el único antioxidante que incrementa los niveles de glutatión dentro de las células y es convertido en ácido dihidrolipoico, una sustancia que posee propiedades antioxidantes aún más importantes.

La función que lleva a cabo el ALA a la hora de descomponer los azúcares (simples carbohidratos) para producir energía se conoce desde 1951, pero no fue sino hasta 30 años después que se descubrieron los efectos antioxidantes de este ácido y del dihidrolipoico.

Lester Packer, biólogo molecular y celular, profesor de la Universidad de California, en Berkeley, desarrolló una lista de control a fin de evaluar el valor terapéutico de los antioxidantes. En tal sentido, cuantas más de las siguientes características posea un antioxidante, resultará más valioso en la tarea de aplazar las enfermedades relacionadas con la edad:

1. Se absorbe bien en el tracto gastrointestinal.
2. Se convierte, en el interior de las células y los tejidos, en sustancias antioxidantes más activas.
3. Posee una acción antioxidante sobre las regiones lípidas (por ejemplo, dentro de la membrana celular) y acuosas de las células.
4. Posee baja toxicidad, por lo que las dosis requeridas para mejorar la actividad antioxidante dentro de las células no causaran ningún daño a dichas células.

No muchas sustancias antioxidantes reúnen estas cuatro características. El ácido alfa-lipoico es una de las pocas que sí. La cuestión es que solo cantidades extras de ALA (la cantidad por encima de la necesaria para mantener la actividad metabólica) podrán reforzar los efectos antioxidantes de este ácido. En consecuencia, ingerir suplementos de ALA en nuestra dieta es la única alternativa para lograr obtener la cantidad que requiere nuestro cuerpo a fin de evitar la enfermedad e incrementar la esperanza de vida. En los alimentos podemos encontrar ciertas cantidades de ALA, pero no las suficientes para obtener una diferencia considerable en las concentraciones de este nutriente en nuestro organismo.

El ALA ayuda también a eliminar metales pesados, lo que significa que ayuda a desechar las cantidades excesivas de metales, como el mercurio, el hierro, el aluminio o el cobre en nuestro cuerpo, los mismos que aumentan la producción de radicales libres. Así, la acumulación de aluminio y de mercurio en los tejidos del sistema nervioso podrían transformarse en una causa de Alzheimer. En estudios con tubos de ensayo, este nutriente previene la activación del factor nuclear kappa-B (NFK-B), una proteína que puede alterar el comportamiento de los genes. El NFK-B está implicado en el desarrollo del cáncer y la replicación del virus del SIDA.

Un proceso conocido como "glicosilación" ha sido objeto de estudio recientemente como una causa importante del envejecimiento celular. Las manchas de la edad en la piel son signos visibles de este proceso, que implica la unión de azúcares y proteínas. La glicosilación posee una importancia considerable para los diabéticos debido a los niveles altos de glucosa que circulan en su organismo. En efecto, los glucósidos producen radicales libres 50 veces más rápido que los no glucósidos.

Mediante determinados estudios en tubos de ensayo, se ha descubierto que el ácido alfa-lipoico previene la formación de glucósidos. Esto explica por qué el ALA resulta un suplemento tan valioso para aquellas personas que sufren diabetes. En efecto, el ALA es empleado ampliamente en Alemania para tratar las complicaciones relacionadas con esta enfermedad.

EL ALA Y LAS COMPLICACIONES DE LA DIABETES

Desde 1970 se sabe a ciencia cierta que el ácido alfa-lipoico mejora la evacuación del exceso de glucosa del torrente sanguíneo. Más aún, investigaciones recientes han demostrado que el ALA ayuda a revertir la resistencia a la insulina e incrementa la habilidad de esta última para mover a la glucosa dentro de las células. Este hecho representa un descubrimiento crucial para el tratamiento de la diabetes tipo 1 y tipo 2. Esta enfermedad aumenta el riesgo de padecer enfermedades arteriales y coronarias y patologías renales y oculares.

La neuropatía diabética, un efecto secundario común producido por la diabetes, se atribuye al daño generado sobre los nervios por los radicales libres. Esta neuropatía causa un dolor abrasador, agudo y cortante, sensaciones de picazón y, en ocasiones, a medida que el tejido nervioso muere, entumecimiento. Esta es una de las razones por la que los diabéticos suelen sufrir la amputación de sus pies o sus piernas, puesto que no sienten las pequeñas abrasiones o heridas en sus pies y, en momento en que las descubren, la gangrena ya se ha establecido.

A continuación le presentamos un resumen de los resultados hallados en los efectos del ALA y las complicaciones de la diabetes:

Diabetes Medicine publicó un estudio a través de cual se halló que los referidos síntomas de dolor, abrasión y entumecimiento disminuían significativamente después de ocho días de ingerir 600 miligramos de ácido alfa-lipoico.

Indian Journal of Medical Research reportó que el ácido alfa-lipoico ayudó a reestablecer un equilibrio saludable oxidante/antioxidante en el hígado y los riñones de ratas alimentadas con una dieta alta en fructosa. Estas ratas desarrollaron rápidamente altos niveles de insulina, incrementaron sus peróxidos lípidos y disminuyeron la actividad antioxidante endógena. Los suplementos de ALA mitigan todos los efectos nocivos causados por una dieta para diabéticos.

Científicos rusos y la Clínica Mayo en Estados Unidos descubrieron que la ingestión de suplementos de ácido alfa-lipoico reduce significativa y rápidamente la frecuencia y severidad de los síntomas de la clase de neuropatía diabética más común. Mejor aún, dichos investigadores descubrieron que el ácido lipoico refuerza la capacidad de los nervios para conducir los impulsos.

Un estudio llevado a cabo con 20 pacientes con diabetes tipo 2 encontraron que dosis orales de 600, 1.200 y 1.800 miligramos diarios de ALA, durante cuatro semanas, mejoran la sensibilidad a la insulina en un 25%.

Por otro lado, científicos canadienses empezaron a trabajar con ratas genéticamente predispuestas a la diabetes y la hipertensión. A todas ellas las alimentaron con una dieta que contenía un 10% de glucosa pura y solo a un grupo de estos animales se les administró diariamente ALA. Aquellos que recibieron glucosa, pero no ALA, mostraron un incremento del 29% en su presión arterial, del 30% en la glucosa en sangre, del 22% en la producción de un tipo de radical libre, de un 286% en los niveles de insulina y de un 408% en las mediciones de la resistencia a la insulina. Asimismo, en estas "desafortunadas" ratas también se presentó un aumento del 63% en los niveles de glicosilación no enzimática de proteínas. Por el contrario, en aquellos animales que ingirieron glucosa y ALA, se observaron aumentos mucho menores en sus niveles de insulina y de resistencia a esta sustancia y no mostraron ningún tipo de incremento en la glicosilación o la producción del radical libre.

Los diabéticos y aquellas personas que muestran resistencia a la insulina se encuentran en grave riesgo de padecer enfermedades arteriales y coronarias y de sufrir accidentes cerebrovasculares. Un estudio iniciado por el Instituto Linus Paulin halló que una combinación de ALA y de vitamina C incrementa la síntesis de óxido nítrico (un dilatador sanguíneo natural) en la aorta humana (el mayor vaso sanguíneo). Precisamente este efecto relajador y expansivo sobre los vasos sanguíneos ayuda a prevenir la ocurrencia de ataques al corazón y derrames.

El ALA y la salud cerebral

En el Instituto Central para la Salud Mental de Alemania, las ratas viejas que recibieron ALA no lograron "bailar *Macarena*". No obstante, consiguieron mejores rendimientos en las pruebas de memoria. Ahora bien, los ratones jóvenes que recibieron este nutriente no mostraron la misma clase de mejoras, lo cual sugiere que las ratas mayores obtuvieron mejores resultados en las pruebas porque lo que habían ido perdiendo con el transcurso del tiempo fue reemplazado.

Asimismo, el ALA también puede proteger al cerebro contra las lesiones por reperfusión que preceden a un derrame. El reputado científico Manas Panigrahi, del Instituto de Salud Mental y Neurociencia de la India, encontró que el pretratamiento con ácido alfa-lipoico reduce la tasa de mortalidad derivada de un derrame inducido a un tercio respecto de aquellos animales que no recibieron dicho pretratamiento. Por otro lado, las investigaciones sobre las lesiones por reperfusión sufridas por el corazón, luego de un ataque, mostraron resultados similares.

Otro equipo investigador alemán publicó un trabajo científico sobre los efectos antiglicosilación del ALA y sobre la forma en que el mismo podría mejorar nuestras posibilidades de evitar el Alzheimer. En efecto, a través del artículo titulado "Las Defensas Antienvejecimiento contra el Alzheimer", publicado en diciembre de 2003 en la revista *Biochemical Society Transactions*, este grupo de investigadores escribió que: "La acumulación de depósitos de proteína insoluble y su entrecruzamiento, como productos finales de una glicosilación avanzada en el cerebro, constituyen una característica del envejecimiento y la neurodegeneración, especialmente cuando nos enfrentamos al Alzheimer".

El ALA nos puede ayudar a hacer más lenta la oxidación que se produce como consecuencia de la glicosilación, e incluso también nos puede ayudar a reducirla, potenciando la actividad del glutatión (cuestión que se estudia a continuación) y a través de sus propios efectos sobre el organismo.

Los referidos científicos también descubrieron que los antioxidantes, como el ALA, nos protegen contra la toxicidad del mercurio. Dicha toxicidad constituye hoy una preocupación mayor debido a la contaminación de mercurio hallada en los peces y al uso extendido de las amalgamas dentales que lo contienen. Finalmente, una investigación llevada a cabo por estudiosos suizos descubrió que aquellos pacientes que se encontraban en las etapas iniciales del Alzheimer presentaban niveles de mercurio en sangre tres veces más altos que la población normal, mientras que los que ya se encontraban en etapas avanzadas de esta enfermedad poseían niveles dos veces más altos.

Para concluir, señalar que se ha descubierto que dosis de 100 a 600 miligramos diarios resultan perfectamente seguras.

EL GLUTATIÓN: UN ANTIOXIDANTE DETOXIFICANTE

El glutatión está considerado uno de los agentes antioxidantes conocidos más poderosos. Se elabora a partir de tres aminoácidos: la L-glutamina, la L-cisteína y la glicina y se trata de una molécula que existe en altas concentraciones en el organismo. Se encuentra en mayores concentraciones en el hígado (10 milimoles) y en menores en el plasma sanguíneo (4,5 micromoles).

El glutatión protege a las células saciando o alimentando a ciertas formas de radicales libres particularmente peligrosas (incluyendo el radical hidroxil). Su poder antioxidante se extiende para proteger al ADN contra cualquier tipo de modificación producto de la oxidación. Asimismo, es el protector más importante de los ojos y la piel contra los efectos de la radiación ultravioleta (UV) dañina y, además, constituye la base del sistema detoxificador p450, que neutraliza las toxinas en el hígado, los riñones, los pulmones y la pared intestinal.

Esta sustancia juega un papel muy importante en la síntesis y reparación del ADN, en la síntesis de las proteínas, en el transporte de los aminoácidos y en la síntesis de las prostaglandinas. También se cree que desempeña una función muy importante en el fortalecimiento del sistema inmunológico. El tabaco, el alcohol, la cafeína, el acetaminofén (comercializado como Tylenol) y algunos otros medicamentos, así como el ejercicio físico intenso, la radiación ultravioleta, los agentes que causan la polución atmosférica y los compuestos químicos que actúan como hormonas (xenobióticos) generan la disminución del glutatión.

Por otro lado, se ha constado que las personas con patologías graves tienen bajos niveles de glutatión. De la misma manera, se sabe que el envejecimiento conduce a una reducción en la producción de esta sustancia. Asimismo, el glutatión brinda electrones extra a la vitamina C que ha sido dañada por la oxidación. Este antioxidante forma parte de los glutatión peroxidasa, un grupo de enzimas que tienen selenio y efectos antioxidantes de amplio espectro. También forma parte de los glutatión S-transferasa una familia de enzimas multifuncionales que se unen a las toxinas, incluyendo los xenobióticos. Todo esto hace posible que las toxinas puedan eliminarse con mayor facilidad fuera de las células y del organismo. Por todas estas razones creemos que el glutatión resulta la alternativa natural más óptima para hacer más lento el envejecimiento y prevenir las dolencias relacionadas con este proceso. Además ha sido estudiado como una terapia para luchar contra el cáncer y las enfermedades cardiovasculares y para fortalecer el sistema inmunológico contra las enfermedades virales.

LOS RESULTADOS DE LA INVESTIGACIÓN DEL GLUTATIÓN

A continuación se exponen los resultados más interesantes obtenidos en las investigaciones realizadas con el glutatión:

Mediante un estudio llevado a cabo con animales, se comprobó el aumento de las tasas de supervivencia, gracias a la administración de glutatión, en el cáncer de hígado inducido por un tóxico carcinogénico, el aflatoxín. La diferencia en los índices de supervivencia fue sorprendente: todas las ratas que no recibieron suplementos de glutatión murieron dentro de los 24 meses siguientes al inicio del estudio. Por el contrario, el 81% de las ratas que sí recibieron esta sustancia sobrevivió más allá de este periodo.

Un estudio realizado con mujeres que padecían cáncer de ovario mostró una menor incidencia de efectos secundarios y un periodo más largo de supervivencia debido a la administración intravenosa de este antioxidante.

Un trabajo científico publicado en *New England Journal of Medicine* sugiere que bajos

niveles de glutatión podrían incrementar el riesgo de sufrir un ataque cardíaco.

Las concentraciones de glutatión están relacionadas directamente con la capacidad del organismo para luchar contra los virus, incluyendo el VIH. La inhalación de glutatión resulta prometedora como tratamiento para las enfermedades respiratorias.

LA MEJOR FORMA OBTENER GLUTATIÓN

Parece que esta sustancia no se absorbe correctamente cuando es ingerida vía oral. Algunas investigaciones sugieren que es retenido por las células que se encuentran a lo largo de las paredes intestinales y permanece allí.

La manera más fiable de lograr que el glutatión entre en el torrente circulatorio y dentro de las células es ingiriendo sus precursores (es decir, los aminoácidos a partir de los cuales se elabora). La cisteína, bajo una forma denominada "N-acetilcisteína", parece ser la mejor alternativa para conseguir este propósito. Por otro lado, el ácido alfa-lipoico incrementa ligeramente la producción de glutatión.

N-ACETILCISTEÍNA (NAC):
ACELERADORA DE LOS EFECTOS DEL GLUTATIÓN

En teoría, todas las salas de emergencias de cualquier hospital de Estados Unidos cuentan con un *stock* de este nutriente para emplearlo como antídoto contra el envenenamiento causado por el acetaminofén. Cuando una persona ingiere una dosis excesiva de este medicamento, las reservas de glutatión contenidas en el hígado son rápidamente reducidas. En efecto, si el glutatión desaparece antes de que el fármaco sea detoxificado, inevitablemente producirá daño al hígado o incluso un colapso de este órgano. Si se administran dosis altas de NAC a tiempo, se logrará restaurar las reservas de glutatión que tiene el hígado y revertir los efectos de una sobredosis de esta sustancia.

Por otro lado, desde la década de los sesenta, la NAC viene siendo empleada como un agente mucolítico, puesto que ayuda a fluidificar las secreciones mucosas. Este agente cuenta con ricas reservas de grupos de sulfidril (que también logran saciar a los radicales libres), característica que le proporciona una habilidad única para eliminar las cadenas de disulfide de la mucosa gruesa, con lo cual resulta más simple expulsar a esta última fuera del cuerpo.

La NAC constituye el principal precursor de glutatión en el organismo. Por ello, si el cuerpo no posee las cantidades necesarias de este nutriente, verá limitada su capacidad para elaborar el glutatión adecuado, toda vez que los otros dos componentes de esta sustancia, la glicina y la L-glutamina, difícilmente lograrán agotarse antes que la cisteína. Por estas razones, creemos que la mejor manera de renovar el glutatión a través el cuerpo es empleando suplementos de este antioxidante.

Cabe señalar que la cisteína es empleada bajo la forma de la N-acetil, ya que la cisteína pura, en altas dosis, es tóxica para el sistema nervioso. Gracias a la acetylating cisteína, la que encontramos unida a un grupo de moléculas denominado el grupo acetil, se lograra mejorar su absorción, estabilidad y seguridad. La N-acetil se produce por el propio organismo, pero tampoco se puede considerar un antioxidante endógeno. No obstante, ha sido incluida en este capítulo porque es considerada el mejor suplemento a efectos de potenciar y reforzar el glutatión intracelular.

Los resultados de la investigación sobre la N-acetilcisteína

Este nutriente posee una reputación merecidamente ganada, puesto que las investigaciones han demostrado que la NAC:

Ayuda a prevenir las enfermedades cardiacas, dado que reduce significativamente los niveles del daño a las arterias producido por el aminoácido homocisteína. Asimismo, ciertos estudios han demostrado que disminuye la lipoproteína, un tipo de grasa contenida en la sangre que recientemente ha sido vinculada a un elevado riesgo de sufrir un ataque al corazón. Finalmente, su actividad antioxidante protege al LDL contra la oxidación.

Retrasa la aparición de las cataratas y la degeneración macular (ARMD) producidas por la edad. Las cataratas nublan la visión de muchas personas mayores y el ARMD puede causar ceguera. Ambas están relacionadas con el daño ocasionado por los radicales libres.

Reduce el riesgo de contraer cáncer. Un estudio publicado en la revista *Science* halló que los antioxidantes (la NAC en particular) pueden bloquear el proceso por el que las células sanas se transforman en cancerosas.

Mejora las expectativas de vida en los pacientes con SIDA. En una investigación realizada por los doctores Lenora y Leonard Herzenberg y sus colegas, todos ellos genetistas de la Universidad de Stanford, se encontró que las concentraciones de glutatión en los pacientes con SIDA pueden mejorar sus expectativas de vida que los niveles de las células inmunes CD4 (el método usual empleado para llevar a cabo una prognosis). Así, mientras más bajos sean los niveles de glutatión en los enfermos, más corto será su periodo de supervivencia. Frente a estos hechos, los Herzenberg decidieron administrar a sus pacientes altas dosis de

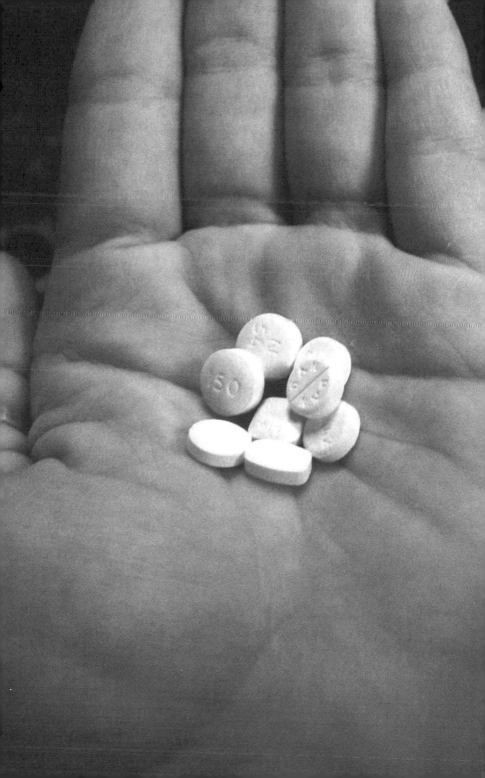

NAC (3.200 a 8.000 miligramos diarios). Los que aceptaron tomar esta sustancia vivieron dos años más que aquellos que no lo hicieron.

Ayuda al cuerpo a luchar contra la gripe y el resfriado común (un punto importante si consideramos los problemas recientes derivados de las vacunas contra la gripe). El investigador italiano, Silvio De Flora, del Instituto de Medicina Preventiva e Higiene de la Universidad de Génova, evaluó los efectos de una dosis de 600 miligramos de NAC y de un placebo en 262 sujetos durante la estación invernal. Si bien es cierto que la NAC no logró impedir que la bacteria de la gripe se instalará en los organismos de los sujetos estudiados, solo el 25% desarrolló los síntomas de la gripe, mientras que, en el grupo que recibió el placebo, el 79% desarrolló claramente dichos síntomas.

Fluidifica las secreciones mucosas en las personas que padecen bronquitis o sinusitis.

Mejora la habilidad del organismo para eliminar las toxinas ambientales, potenciando los efectos del glutatión. La facilidad de la NAC para aumentar las concentraciones de glutatión promueve la excreción del monóxido de carbono, el tetracloruro de carbono, el cloroformo, el alcohol, el mercurio y los microorganismos aflatoxín y *E. coli.*

Resulta sumamente difícil imaginar algún achaque o enfermedad leve que este suplemento no ayude al cuerpo a combatir. Cuando se incrementan los niveles de glutatión, se logra que el organismo se fortalezca para hacer frente a cualquier enfermedad que esté vinculada con una sobrecarga de radicales libres. Y, tal como usted ya sabrá, después de haber llegado hasta este punto, la mayor parte de las dolencias que sufren las personas de la tercera edad están relacionadas a dicha sobrecarga.

La dosis que viene siendo empleada en los estudios científicos oscila entre los 600 y los 3.000 miligramos. Cabe resaltar que ingerir diariamente dosis más elevadas de 2.800 miligramos podría generar efectos prooxidantes en las personas sanas. En tal sentido, a fin de ser precavidos, hasta que se disponga de mayor evidencia científica, le recomendamos emplear 2.500 miligramos o menos de NAC por día.

5

ANTIOXIDANTES
FITOQUÍMICOS

I magínese una caminata otoñal a través de un idílico paisaje campestre surcado por altos árboles. Visualice las hojas, las varias y ricas tonalidades de verdes, dorados, rojos y naranjas. Imagínese los interminables campos de pasto verde suave salpicado con sus ramas cargadas de rojas y jugosas manzanas o un hermoso jardín rebosante de bellas plantas y de los últimos tomates de la estación.

La razón por la cual pretendemos que usted imagine todo este panorama es para demostrarle que los pigmentos de las plantas que producen toda esta belleza y colorido también constituyen y proporcionan importantes fuentes para su nutrición. Estos pigmentos, desarrollados por las plantas a través de su evolución para protegerlas de los insectos, las enfermedades y la radiación UV, también llevan a cabo una importante actividad antioxidante.

Los carotenoides y los flavonoides representan los pigmentos más conocidos y ambos resultan altamente beneficiosos para la salud humana, siendo los primeros los más abundantes en la naturaleza. Más aún, se ha comprobado que los beneficios que se obtienen de ellos se extienden más allá de su capacidad para saciar a los radicales libres. Estos pigmentos se encuentran en todos los alimentos que usted, probablemente, rechazó de niño, pero también se hallan en lugares inesperados, como el chocolate, el vino tinto y la cerveza.

Las plantas que poseen un color verde oscuro, particularmente las algas nutricionales, como la clorella, la espirulina y el alga Klamath azul-verde, contienen altas concentraciones de los pigmentos denominados "clorofila" y "ficocianina". Estos "superalimentos" son conocidos por su capacidad para proteger al cuerpo contra la enfermedad, así como por su habilidad para retrasar el envejecimiento prematuro. Hay evidencias de que los pigmentos antioxidantes son la razón que se esconde detrás de estas maravillosas propiedades.

Por otro lado, la soja viene siendo considerada un alimento muy valioso desde hace muchos años, puesto que resulta ser la fuente natural más rica de unos fitoquímicos llamados "genisteína" y "daidzeína". La genisteína y la daidzeína son dos tipos de isoflavonas (que pertenecen al grupo de los flavonoides) y realizan una importantísima actividad antioxidante.

LOS CAROTENOIDES: NUTRIENTES FOTOSINTÉTICOS

Estos nutrientes solubles en grasa juegan un papel esencial en la fotosíntesis, el proceso metabólico a través del cual las plantas transforman la luz solar en energía. Las plantas pueden elaborar estos nutrientes con suma facilidad, no obstante, los animales son incapaces de sintetizarlos. Sin embargo, la mayor parte de lo animales pueden obtener estas sustancias de su dieta. Los carotenoides también intervienen en la formación de muchos de los maravillosos colores que podemos apreciar en el mundo animal, como el rosa de las plumas de los flamencos, por ejemplo.

En la naturaleza se ha logrado descubrir alrededor de 700 tipos de carotenoides, y nuevas variedades son continuamente identificadas. La mayor parte de ellos pueden considerarse dentro de dos categorías principales: los carotenoides de hidrocarbonos (una clase que incluye al beta-caroteno, al licopeno y al alfa-caroteno) y las xantofilas (como la luteína, lacriptoxantina, el astaxantín y el zeaxantín).

Los carotenoides están perfectamente diseñados bioquímicamente para ayudar a controlar el exceso de radicales libres. Sin necesidad de entrar en demasiados detalles científicos, se puede afirmar que estos nutrientes están especialmente preparados para redistribuir los electrones al momento en que uno de ellos se pierde cuando se sacia un radical libre. Esta circunstancia proporciona a los carotenoides un "poder" permanente en medio del caótico movimiento de los electrones en las células.

Asimismo, estas sustancias alimentan a los peligrosos radicales de oxígeno y son excelentes para frenar las reacciones en cadena de los radicales libres. De la misma manera, los carotenoides son particularmente conocidos como precursores de la vitamina A (es decir, se trata de sustancias que pueden ser transformadas en dicha vitamina). La vitamina A constituye un nutriente esencial para la visión, los huesos, el buen estado de la piel y las mucosas, favorece la cicatrización de úlceras y fortalece el sistema inmunológico. Cabe precisar que cerca de un tercio de la vitamina A que el promedio de los norteamericanos adultos ingiere proviene de estos carotenoides, siendo el beta-caroteno la sustancia que logra transformar de forma más eficiente dicha vitamina.

LOS RESULTADOS DE LA INVESTIGACIÓN DE LOS CAROTENOIDES

Las investigaciones muestran que los carotenoides protegen contra el cáncer, la degeneración macular, el glaucoma y las dolencias cardiacas. Ciertos estudios realizados con animales han ilustrado de qué manera estos pigmentos de las plantas inhiben

el crecimiento de un tumor y refuerzan el sistema inmunológico, de tal forma que ayudan al organismo a inhibir el crecimiento de tumores, especialmente en el cáncer de mama y el de próstata. El licopeno, que parece ser un nutriente anticancerígeno especialmente efectivo, suele encontrarse en abundancia en los tomates. La luteína y el zeaxantín, xantófilas que se encuentran en el maíz y las verduras de hojas verdes, concentrados en la mácula de la retina, protegen a los ojos contra la radiación ultravioleta y contra el estrés oxidativo.

Un trabajo científico publicado en febrero de 2004 en la revista *Arterosclerosis, Trombosis y Vascular Biology* encontró que los antioxidantes carotenoides podían protegernos contra una arterosclerosis temprana. Asimismo, otro importante estudio sobre la arterosclerosis llevado a cabo en Los Ángeles analizó las reacciones de un grupo de sujetos, con edades entre los 40 y los 60 años. Tales sujetos fueron examinados dos veces: una al inicio de un periodo de 18 meses y otra al final de este periodo.

Estos pacientes debían completar cuestionarios acerca de su dieta diariamente y se les medía, con ultrasonido, el grosor de las paredes de sus arterias carótidas. También se tomaban muestras de sangre con el fin de medir los niveles de la vitamina C, los carotenoides, la vitamina E, la A, el colesterol y los indicadores de inflamación. Los resultados mostraron claramente que los niveles altos de luteína, zeaxantín, beta-criptoxantín y alfa-caroteno estaban relacionados con la progresión decreciente del grosor de las paredes de la referida arteria carótida. Por otro lado, se halló que los niveles altos de licopeno, vitamina C, alfacaroteno y beta-caroteno estaban vinculados con la disminución del colesterol Finalmente, se demostró que la vitamina C y los carotenoides en altos niveles estaban asociados con el descenso de los índices de inflamación en el torrente sanguíneo (proceso denominado proteína reactiva-C).

INGIERA "COLORES"

Si bien es cierto que los suplementos de los carotenoides se pueden encontrar con bastante facilidad, definitivamente es mejor obtener estos nutrientes de los alimentos. Los alimentos ricos en carotenos son muy coloridos. Por lo cual, si en cada comida usted llena su plato de, al menos, tres colores distintos, podemos garantizarle que está obteniendo la cantidad suficiente de estos nutrientes en su dieta. Así, las zanahorias, los boniatos, las calabazas, los pimientos, el calabacín, los tomates, el maíz, las verduras de hojas verdes, los melones, las moras, la berenjena y las manzanas son sumamente ricos en carotenoides y flavonoides.

Algunos suplementos multivitamínicos y minerales contienen luteína, zeaxantín y licopeno,

y el pequeño plus de energía que usted obtendrá de ellos, sin lugar a dudas, no le hará daño.

LOS FLAVONOIDES

Las clases más importantes de flavonoides (conocidos como bioflavonoides) son los flavonoles, los flavones, los flavanones, las isoflavonas, las catequinas, los chalcones y las antocianinas. El primero en descubrir estos nutrientes fue Szent-Gyorgyi, el mismo científico que descubrió la vitamina C. Este estudioso halló que los flavonoides generalmente se encuentran junto a la vitamina C en los alimentos y que poseen efectos fortalecedores de las paredes capilares similares a los que tiene dicha vitamina. Desde entonces, se ha logrado identificar estas sustancias en las frutas, los vegetales, el vino, la cerveza, el chocolate y el café. De acuerdo a la página web del Instituto Linus Pauling, "se ha reportado que los flavonoides tienen una actividad que evita la aparición de virus, alergias, inflamaciones y tumores y también tienen actividades antioxidantes, y estudios epistemológicos han demostrado que la ingestión de flavonoides está inversamente relacionada con la mortalidad derivada de enfermedades coronarias cardiacas y con la incidencia de ataques al corazón".

LA CERVEZA, EL VINO Y EL CHOCOLATE: ¿COMIDA SALUDABLE? ¡SÍ!

Recientemente, un grupo de investigadores de la Universidad Estatal de Oregón descubrió un flavanone, denominado "xanthohumol" en la cerveza y el lúpulo. Este nutriente, combinado con la vitamina E, tiene efectos antioxidantes superiores a los de la quercetina, otro flavonoide que ha sido objeto de extensas investigaciones.

Al hacer una comparación entre los hábitos alimenticios grasos entre los estadounidenses y los y franceses, se descubrió que estos últimos (que suelen ingerir comidas más altas en grasas y en colesterol) poseen un riesgo 2,5 veces menor de desarrollar dolencias cardiacas que los norteamericanos. Y esto, incluso, pese a tener además niveles más altos de colesterol en la sangre. Se dedujo entonces que este resultado se debe a que los franceses ingieren bastantes flavonoides contenidos en el vino tinto, en las frutas y en los vegetales.

Así, desde que se descubrió la llamada "paradoja francesa", el resveratrol (el flavonoide predominante en el vino tinto) viene siendo muy estudiado. En efecto, al menos ocho estudios científicos han demostrado que tomar una o dos copas diarias de vino tinto protege contra la aparición de enfermedades cardiovasculares. Los amantes del vino tinto (nos referimos a los bebedores moderados) muestran altos niveles de colesterol HDL (el "colesterol bueno") y de apoliproteína A. Los flavonoides que componen este tipo de vino, incluyendo a la quercetina, protegen poderosamente al HDL contra la oxidación.

Recientemente también se ha descubierto que el resveratrol parece suprimir la inflamación. En efecto, un estudio conducido por científicos de la Universidad de Sevilla concluyó que el polifenol contenido en la uva borgoña suprimía el daño generado por la oxidación y reducía los marcadores de la inflamación del intestino en los animales.

Asimismo, un nuevo estudio elaborado por reconocidos científicos de Harvard mostró que el resveratrol puede tener efectos similares a los de una restricción calórica (con este término nos referimos a una ingestión de alrededor 30% menos de las que una persona naturalmente consumiría). Dicha restricción resulta ser la manera más efectiva de hacer más lento el proceso de envejecimiento y de asegurar una vida saludable.

Finalmente, un estudio realizado en el Hospital Ninewells, en Escocia, descubrió que los flavonoides contenidos en el chocolate negro disminuyen la agregación plaquetaria, proceso por el cual las plaquetas se superponenn entre sí y atascan las arterias. En efecto, 30 voluntarios recibieron indistintamente 100 gramos de chocolate blanco, de chocolate negro y de chocolate con leche. Cuatro horas después de consumir chocolate negro se tomaron muestras de sangre y se comprobó que el chocolate negro inhibió la agregación plaquetaria en un 92%. Este resultado llevó a los investigadores a concluir que los flavonoides que posee el chocolate negro inhiben la enzima COX-1, la misma que promueve la referida agregación.

SI CONSUME TÉ, CONSUME FLAVONOIDES

Las variedades comunes de té negro y de verde son muy ricas en flavonoides, que, como se ha mencionado, protegen al corazón. Un estudio de 40 años de duración que analizó los hábitos de los hombres japoneses halló que aquellos que bebían té verde con frecuencia mostraban niveles más bajos de colesterol y triglicéridos que los que no lo hacían. Asimismo, se mostró que los flavonoides del té podían actuar previniendo el cáncer.

Otro estudio similar, realizado por investigadores de la Universidad de Rutgers, demostró que el consumo de té verde o negro podía evitar el cáncer de piel ocasionado por los rayos ultravioleta (UV) y por sustancias químicas peligrosas. En este estudio se trabajó con ratones a los que se expuso a este tipo de cáncer. Los animales que ingirieron té negro presentaron un 93% menos de tumores que los que solo bebieron agua y los que consumieron té verde un 88% menos que estos

últimos. También se halló que el té descafeinado era menos efectivo contra los tumores.

A continuación, se muestran algunas de las maneras en las que los flavonoides que contiene el té ayudan a conservar una buena salud:

Los flavonoides del té verde inhiben la activación carcinógena, proceso por el que ciertas sustancias en principio inocuas se transforman en cancerígenas una vez que están dentro del cuerpo.

Los flavonoides del té estimulan la acción de las enzimas detoxificantes en el hígado, incluyendo al sistema detoxificador p450, una acción que ayuda a eliminar los carcinógenos fuera del organismo antes de que puedan alterar la actividad del ADN.

En las células cancerígenas normalmente se elimina el gen encargado de suprimir los tumores. Los suplementos de té verde y negro logran que este gen pueda volver a actuar.

Los polifenoles del té constituyen inhibidores naturales de la angiogénesis, proceso por el cual los tumores establecen sus propios sistemas circulatorios.

El té también ayuda a eliminar el exceso de metales pesados, como el mercurio o el plomo, lo que finalmente reduce el estrés producido por los radicales libres.

EL PROANTOCIANIDINOS: UN NOMBRE COMPLICADO PARA UN VALIOSO ANTIOXIDANTE

La corteza de pino marítimo francés no es un ingrediente que desearemos agregar a nuestra ensalada. Sin embargo, resulta ser la fuente principal de un flavonoide denominado "picnogenol". Este flavonoide es uno de los 250 que hasta hoy han sido descubiertos y las semillas de las uvas constituyen la fuente de un flavonoide similar.

Los testimonios y pruebas acerca del increíble y amplio espectro curativo del proantocianidinos (desde alergias y dolencias cardiacas hasta cáncer) son abundantes en Internet. Cuando nos remitimos a la literatura científica, el panorama es muy claro: se trata de poderosos flavonoides antioxidantes solubles en agua. Además ofrecen un poderoso complemento a otros antioxidantes también solubles en agua, como la vitamina C y otros flavonoides. Ahora bien, nuestro organismo también necesita antioxidantes solubles en grasa, como la vitamina E y los carotenos. A fin de cuentas, se trata de lograr un equilibrio adecuado.

Por otro lado, las investigaciones sobre este antioxidante respaldan su papel en la prevención y el tratamiento de las dolencias circulatorias. Un reciente ensayo publicado en *Mutation Research* describe los mecanismos moleculares a través de los cuales un proantocianidino patentado de semi-

lla de uva (IH636) nos protege contra las enfermedades cardiacas:

Se ha demostrado la eficacia antioxidante superior del IH636 respecto a las vitaminas C, E y los beta-carotenos.

La suplementación de IH636 mejora la función cardiaca. En efecto, mejora la fuerza del bombeo y disminuye las arritmias y la formación de especies reactivas al oxígeno en el corazón.

Emplear suplementos de 50 miligramos de IH636 por cada kilogramo de peso corporal reduce la formación de "células espuma" (un indicador temprano de arterosclerosis) en un 49%, mientras que 100 miligramos por cada kilogramo reducen la formación de dichas células en un 63%.

Asimismo, se ha hallado que este extracto de semillas de uva disminuye significativamente la oxidación del LDL. A través de un estudio se encontró que los fumadores que usaron suplementos de este extracto presentaron mediciones 20% más bajas de oxidación del LDL respecto de aquellos fumadores que no tomaron dicho extracto. Otras mediciones reflejaron que el LDL de los fumadores que consumieron el extracto estaba mejor dispuesto, en un 15%, a resistir el estrés generado por la oxidación.

También se ha constatado que dicho suplemento eleva significativamente los niveles del glutatión y del glutatión asociado a la función de las enzimas. Además inhibe la liberación de la histamina (sustancia que se libera en las alergias y que provoca secreción nasal, estornudos, picor de ojos, etc.).

LOS BIOFLAVONOIDES: UNA BUENA RAZÓN PARA CONSUMIR CÍTRICOS

Los bioflavonoides que se encuentran en los frutos cítricos poseen múltiples beneficios. Por ejemplo, muchos de ellos protegen contra el cáncer, y los estudios muestran que lo hacen mediante una variedad de mecanismos biológicos.

Aquí se ofrece una muestra de algunos de los resultados obtenidos en los estudios llevados a cabo sobre los flavonoides cítricos:

Mediante un estudio realizado con animales, se descubrió que el hesperidín, abundante en las naranjas y los limones, reduce las lesiones cancerosas y precancerosas en la lengua en un 62%. Otro estudio mostró que los suplementos de esta sustancia refuerzan en los huesos la reabsorción de calcio, fósforo y zinc y previenen la pérdida de la densidad ósea en un modelo animal de menopausia. También se ha sugerido que el hesperidín puede ayudar a reducir la presión arterial elevada.

Un nuevo estudio sobre las células de la médula ósea halló que el *naringin* contenido en el pomelo reduce el daño causado al ADN por efectos de la radiación. Como consecuencia de ello también se reduce el riesgo de contraer leucemia.

134

Asimismo, mediante otro estudio de laboratorio se comprobó que el *naringenin*, un componente muy cercano al primero, inhibe el crecimiento de las células que generan el cáncer de colón.

El *limonene*, abundante en los limones y las naranjas, usado en altas dosis reduce, con cierto éxito, el crecimiento de tumores en las mamas. Parece, además, que este flavonoide ayuda a frenar el avance del cáncer de colón y de páncreas. Por otro lado, estudiosos chinos descubrieron que el *limonene* induce la apoptosis (muerte celular) de las células cancerígenas en el estómago.

Otro estudio con animales realizado para analizar los efectos de fumar y masticar tabaco, encontró que el *diosmin*, contenido en limones y naranjas, reduce los tumores orales y las mutaciones de las células precancerígenas. Junto con el hesperidín protege al organismo contra la fragilidad capilar causada por reacciones alérgicas.

Consumir frutas cítricas es la mejor manera de obtener todas las herramientas para conservar la salud que nos ofrecen estos bioflavonoides. Cabe precisar que los zumos no tienen las mismas propiedades que la fruta entera o la pulpa. Además de comer la fruta entera, intente probar con recetas que utilicen las cáscaras de los cítricos. Por supuesto, comer limones y limas enteras no es muy agradable para el paladar, pero eso no impide que pueda usar las cáscaras o cortezas en salsas para acompañar otros alimentos. Recuerde que consumir cítricos orgánicos es mucho más saludable que ingerir los que no lo son, puesto que estos últimos son rociados con pesticidas.

Si usted se encuentra tomando medicación, el pomelo no es su mejor opción. Entre sus componentes están el furanocoumarins y la P-glicoproteína, sustancias que aumentan la absorción de muchos medicamentos y pueden causar una sobredosis.

Finalmente, le sugerimos que, si desea ingerir suplementos de bioflavonoides, escoja una dosis de 700 a 1.500 miligramos diarios.

LAS ISOFLAVONAS DE LA SOJA: PROTECTORAS DEL CORAZÓN

Las isoflavonas son un tipo de flavonoides que se hallan solo en las semillas de la soja y en algunas hierbas (dong quai, raíz de culebra negra, regaliz y el trébol rojo). Numerosos estudios han demostrado que poseen una considerable capacidad antioxidante y que pueden reducir el riesgo de sufrir un ataque al corazón.

Las isoflavonas de la soja, más que ningún otro flavonoide, actúan como estrógenos naturales o fitoestrógenos. Sus efectos son más moderados que los de los estrógenos producidos en los ovarios y mucho más débiles que los de la medicación hormonal (que puede ser cancerígena).

Las isoflavonas más estudiadas son la genisteína y la daidzeína. Ambas podrían ser usadas como terapia natural hormonal para los síntomas de la menopausia y en la prevención de la osteoporosis y el cáncer de colon. Investigadores de la Universidad de Michigan descubrieron que la genisteína reduce en un 40% la incidencia de pólipos precancerosos en el colon de las ratas genéticamente susceptibles de contraer este tipo de cáncer. Por otro lado, las investigaciones sobre la utilidad de la genisteína para prevenir el cáncer de mama han sido objeto de controversia. Algunos estudios sugieren que las isoflavonas de soja concentradas propician el crecimiento de este cáncer, mientras otros sugieren que, más bien, bloquean dicho crecimiento o lo hacen más lento. No obstante, es preferible ser precavidos, por lo que será mejor que aquellas mujeres que estén padeciendo este tipo de cáncer eviten emplear este tipo de sustancia (pero pueden comer soja sin ninguna preocupación). Asimismo, las investigaciones señalan que las mujeres que empezaron a comer soja durante su adolescencia estarán mejor preparadas para enfrentar el cáncer de mama que aquellas que empezaron a consumirla más tarde.

Por lo que se sabe hasta hoy, la mejor manera de tomar la genisteína y la daidzeína es ingiriendo alimentos de soja. El tofu, el tempeh, la leche y las hamburguesas de soja, etc., son todas maneras muy sencillas y sabrosas de incluir la soja en su dieta. Intente comer algún alimento de soja una vez al día.

LA CLOROFILA Y LA FICOCIANINA: LOS PIGMENTOS MÁS VERDES DE LAS PLANTAS

La clorofila y la ficocianina son, respectivamente, los pigmentos verdes y azules que proporcionan a las plantas verdes y a las algas azul verdosas sus hermosos colores. La clorofila le permite a las plantas producir energía a partir de la luz solar. Ambos componentes vienen siendo intensamente estudiados en laboratorios, puesto que representan una gran promesa como agentes anticancerígenos.

Así, la ficocianina posee poderosos efectos antioxidantes. Actúa como inhibidor del COX-2, disminuyendo la producción de las prostaglandinas inflamatorias, las mismas que han sido vinculadas al cáncer y a las dolencias cardiacas. Cabe indicar que hay estudios que señalan la inducción de apoptosis (muerte de las células cancerígenas) por parte de ciertos fármacos que inhiben el COX-2.

De la misma manera, parece que los pigmentos azul verdosos de las plantas nos protegen contra el cáncer a través de muchos mecanismos. Un grupo de investigadores japoneses comenzó a analizar las células sanguíneas para verificar la actividad anticancerígena del interferón antes y después de una dosis de algas azul verdosas. También se comprobó el poder inhibitorio de los suplementos de estas algas sobre células cancerígenas cultivadas en el hígado.

Por su parte, científicos hindúes descubrieron que la ficocianina fortalece la fase II de detoxificación del hígado, la más importante para que el organismo pueda deshacerse de los carcinógenos. Asimismo, encontraron incrementos en los niveles de enzimas y de glutatión antioxidante y disminuciones en la peroxidación de los lípidos. En efecto, en el momento de enfrentarse con los carcinógenos, aquellos roedores que recibieron ficocianina desarrollaron tumores más pequeños y en menor número que los roedores que no recibieron este pigmento.

De acuerdo con ciertos estudios llevados a cabo en el Instituto Linus Pauling de la Universidad Estatal de Oregón, la clorofilina (un derivado de la clorofila) disminuye la proliferación de las células cancerígenas en las mamas y el colon. Así, un nuevo estudio verificó que la clorofila logró detener el crecimiento de células cancerosas en el colon dentro de las 24 horas de haber sido consumida y logró también poco tiempo después la apoptosis. Además, parece que defiende al organismo contra el cáncer en sus etapas iniciales.

El aflatoxin B, una potente toxina del hígado, es la causa de la mayor parte de los cánceres de hígado. Los estudios realizados con clorofila sugieren que este pigmento podría convertirse en nuestra

mejor arma contra esta clase de cáncer en aquellas poblaciones que no pueden evitar esta toxina en sus dietas.

Finalmente, se ha demostrado que las algas azul verdosas ayudan a revertir el crecimiento de lesiones en la boca, que son las predecesoras del cáncer oral, con lo cual enjuagarse la boca con una solución de espirulina puede hacer más lento el crecimiento de este tipo de cáncer.

6

PLANTAS ANTIOXIDANTES

La tradición de la medicina herbal se remonta tan lejos como la propia historia de la humanidad. Pero también en el mundo animal sucede lo mismo. Los monos, osos y otros muchos animales se "automedican" con determinadas plantas. Por ejemplo, los chimpancés buscan para aliviarse una planta llamada *Vernonia amygdalina*. Mastican la pulpa del centro de esta planta y esta los cura. Las tribus africanas que viven por los alrededores preparan una decocción de la misma planta para tratar los parásitos intestinales. Los lémures de Madagascar comen plantas ricas en taninos semanas antes de dar a luz; en pequeñas dosis, estos taninos, que de otra forma pueden ser tóxicos, aumentan la producción de leche. Los osos elaboran una pasta herbal que repele a los insectos que se infiltran en su pelaje.

Los científicos, que han aprendido de la medicina herbal a través de la "automedicación" animal, están practicando una nueva ciencia que se conoce como "zoofarmacognosia". Lo que se puede aprender gracias a ella se suma a toda una larga tradición humana en medicina herbal. La misma que hoy está adquiriendo un gran prestigio debido a la habilidad de la ciencia para analizar los principios activos de las plantas medicinales.

Parece que muchos de estos principios activos poseen una significativa actividad antioxidante. Los más conocidos, entre las plantas y hierbas antioxidantes, son el cardo mariano, el ginkgo biloba, la cúrcuma y el ajo.

El cardo mariano:
PROTECTOR DEL HÍGADO Y POTENCIADOR DEL GLUTATIÓN

Los usos tradicionales del cardo mariano (*Silybum marianum*), conocido también como cardo lechero, incluían el tratamiento de las venas varicosas, los problemas menstruales, la depresión y la baja producción de leche materna. No obstante, su uso más valioso es, con mucho, el de protector del hígado.

El hígado trabaja constantemente, día y noche, para eliminar las sustancias tóxicas de la sangre. Cada uno de sus dos lóbulos realiza complejos procesos enzimáticos para neutralizar las toxinas y expulsarlas del organismo a través del tracto intes-

tinal y urinario. Además de las sustancias de desecho de las células, los medicamentos, los metales pesados, las toxinas que hay en los alimentos, etc., deben ser todas ellas detoxificadas por el hígado a fin de que puedan ser eliminadas de una manera segura. La función inadecuada de este órgano conduce rápidamente a una acumulación de toxinas en el mismo, dañándolo y provocando que dichas toxinas se expandan por todo es sistema circulatorio.

La detoxificación del hígado produce un gran número de radicales libres. Esta es la razón por la que este contiene concentraciones tan altas de antioxidantes endógenos, como el glutatión, por ejemplo.

El cardo mariano ha sido utilizado desde la antigüedad para tratar enfermedades hepáticas, como la cirrosis y la hepatitis. Las investigaciones actuales están demostrando que su constituyente activo, el flavonoide *silymarin*, posee un notable poder antioxidante que se centra en los tejidos del hígado.

Usos del cardo mariano

El cardo lechero es el mejor antídoto contra el hongo mortal (*Amanita phalloides*). Al ingerir este hongo, rápidamente mueren entre el 30 y el 40% de las células del hígado al privárselas de glutatión. Por lo cual, si desafortunadamente usted come la clase equivocada de hongos, podrá salvarse si ha estado tomando, durante un largo tiempo, dosis de esta planta.

Esta hierba protege al hígado contra los venenos fabricados por el hombre, incluyendo al tetracloruro de carbono (un disolvente usado en el lavado industrial de ropa), la tioacetamida (un producto químico que causa cirrosis) y los metales pesados. También es un tratamiento muy efectivo para tratar el envenenamiento hepático producido por una sobredosis de acetaminofén (Tylenol).

El cardo mariano neutraliza eficientemente los radicales libres en el hígado. Gracias, en parte, a que logra elevar los niveles de glutatión peroxidasa y de la superóxido dismutasa (otra enzima antioxidante) en las células del referido órgano. Asimismo, esta planta inhibe la producción de los agentes bioquímicos que aceleran excesivamente la inflamación en el hígado, inflamación que se correlaciona con una excesiva producción de radicales libres.

Esta maravillosa planta también estimula el crecimiento de nuevas células hepáticas y es sumamente poderosa en este aspecto, ya que regenera los tejidos del hígado. Numerosos estudios sugieren que los fotoquímicos que posee el cardo mariano protegen a las células hepáticas contra cualquier daño al ADN, estabilizan los mastocitos (células inmunes que conducen el proceso infla-

matorio) y permiten que el exceso de hierro pueda ser eliminado del organismo. También hay estudios que indican que esta planta puede ser muy útil en el tratamiento de la diabetes.

Por otro lado, se ha verificado que la soriasis, una enfermedad inflamatoria de la piel, también puede ser controlada con suplementos de esta planta. Ello podría deberse a la capacidad de dicha planta de mejorar la detoxificación del hígado (proceso que hace posible que el cuerpo se deshaga de las toxinas frente a las que la piel reacciona) y a sus efectos antiinflamatorios.

Cabe señalar que en Estados Unidos se realizan casi 300 mil cirugías al año para eliminar cálculos en la vejiga. Estos cálculos se originan por el engrosamiento de la bilis, la misma que puede ser eliminada con el cardo mariano. Ciertas investigaciones indican que los flavonoides derivados de esta planta ayudan a los riñones a desempeñar mejor su función en el proceso de detoxificación. No solo eso, determinados estudios en laboratorio han demostrado las propiedades del cardo mariano para retrasar el crecimiento de células cancerígenas en la mama y la próstata.

EL GINKGO BILOBA:
PROTECTOR DE LA SALUD CEREBRAL Y
AGENTE ANTICANCERÍGENO

En Hiroshima, a casi un kilómetro del epicentro de detonación de la bomba nuclear durante la Segunda Guerra Mundial, existe un árbol de ginkgo que sobrevivió al bombardeo. Más aún, se dice que brotaron ramas muy poco tiempo después de la explosión sin deformaciones, mientras que el templo construido frente al mismo fue completamente destruido. Tres árboles de esta misma clase todavía sobreviven en Japón, aunque uno de ellos tiene marcas de la explosión en su tronco.

Una planta que ha sobrevivido por tanto tiempo, hay fósiles de 270 millones de años, y que puede soportar casi incólume la explosión de una bomba nuclear, definitivamente tiene algo que enseñarnos. Pues sí, el ginkgo biloba es uno de los "medicamentos" herbales más valiosos del mundo. Además, representa una promesa muy importante para hacer más lenta la progresión del Alzheimer. En Alemania recientemente se aprobó como tratamiento oficial para hacer frente a esta enfermedad.

Los fotoquímicos del ginkgo, específicamente los terpenoides y los flavonoides, realizan una importante acción antioxidante y antiinflamatoria. Determinados estudios han logrado demostrar que el extracto de ginkgo potencia el estado redox celular (reducción) y aumenta los niveles de óxido nítrico, un compuesto natural que abre los vasos sanguíneos. Múltiples ensayos han demostrado que la terapia con ginkgo puede retrasar el deterioro de la memoria y la capacidad de razonamiento en las personas que padecen Alzheimer. El más conocido de estos estudios fue publicado en *Journal of the American Medical Association* en 1997. Sus autores, establecieron que el extracto de ginkgo es "seguro y parece capaz de estabilizar y, en un número sustancial de casos, mejorar el desempeño cognitivo y la función social en pacientes dementes durante seis meses a un año". Estos efectos fueron tan significativos como los obtenidos con la medicación comúnmente prescrita para tratar el Alzheimer, como la tacrine y el aricept.

Se cree que este efecto del ginkgo se debe a una combinación de su habilidad para proteger al organismo contra la oxidación (particularmente la peroxidación lípida) y los efectos antiinflamatorios y anticoagulantes de sus terpenoides. Actualmente se sigue investigando sobre el tema, muchas veces con ayudas estatales.

Esta hierba también posee impresionantes efectos anticancerígenos. Además de prevenir la oxidación del ADN, inhibe la angiogénesis (el crecimiento de los vasos sanguíneos para alimentar los tumores) y parece llevar a cabo algunas acciones que regulan los genes. Otra importante investigación encontró, al emplear extracto de ginkgo,

una disminución en la proliferación del cáncer de mama. Un nuevo estudio usando esta planta concluyó que las células cancerígenas en la vejiga experimentaron ciertos cambios que las hicieron menos peligrosas.

Más aún, numerosos estudios han mostrado que el extracto de ginkgo inhibe los cambios precancerígenos inducidos por la radiación ultravioleta y por otros tipos de radiación. Los autores de una revisión publicada en 2003 en *Fundamentals of Clinical Pharmacology*, concluyeron: "los flavonoides y los terpenoides que constituyen el extracto de ginkgo pueden actuar de una manera complementaria para inhibir numerosos procesos relacionados con la carcinogénesis". Esta investigación todavía está en sus etapas preliminares, pero es muy esperanzadora.

La dosis adecuada del extracto de ginkgo biloba dependerá de su estandarización. Sin embargo, le sugerimos que respete la dosis recomendada en los envases del producto que escoja.

El turmérico (*Cúrcuma longa*), una planta amarillo-naranja brillante, ha sido empleada como una especia culinaria y como una medicina herbal durante miles de años. Hoy es usada comúnmente para especiar muchos platos hindúes y de otras partes de Asia. Los practicantes de la medicina tradicional china y ayurvédica incluyen la cúrcuma (un derivado del turmérico) entre sus hierbas medicinales. La medicina occidental, a la vista de los increíbles efectos curativos de esta planta, ha puesto en marcha diversas investigaciones. Es más, lo investigado hasta ahora ya indica que la cúrcuma podría convertirse en nuestro aliado más poderoso en la lucha contra el cáncer. Asimismo, se ha demostrado que esta planta tiene un gran poder antioxidante y que su habilidad para contrarrestar los efectos de los radicales libres sobre las grasas y el ADN representa solo una pequeña parte de sus propiedades anticancerígenas. Por su lado, recientes investigaciones han descubierto muchas otras maneras a través de las cuales esta hierba ayuda a prevenir el cáncer. Algunas de ellas son:

Impide el paso de los xenobióticos (estrógenos artificiales) dentro de las células. Estudios muestran que la proliferación de las células cancerígenas en las mamas, fortalecida por el 17 beta-estradiol (el estrógeno natural más fuerte), fue bloqueada en un 98%; el crecimiento de las células cancerígenas, a las que el xenobiótico DDT fue añadido, se hizo más lento en un 75% cuando también se añadió la cúrcuma. Además, el efecto que produce la combinación de los tóxicos químicos, clordane y endosulfane (los que usualmente fortalecen el crecimiento del cáncer de mamas) fue inhibido en un 90% gracias a la cúrcuma. Cabe precisar que agregar a la cúrcuma la genisteína logró detener completamente la proliferación de las células cancerígenas.

Bloquea otros químicos no estrogénicos que causan cáncer, como la dietilnitrosamina y las dioxinas.

Es un inhibidor natural de la quinasa, lo que significa que corta definitivamente la comunicación entre las células cancerígenas. Este efecto también inhibe su crecimiento. Por tal razón, actualmente las compañías farmacéuticas están investigando inhibidores de quinasa sintéticos para usarlos como fármacos contra el cáncer.

Bloquea la actividad de ciertos factores que contribuyen a la expansión del cáncer, como la NF-kappa-B, algunas citoquinas, la proteína quinasa C y la interleuquina-8.

Es un inhibidor natural de la inflamación causada por las enzimas COX; se ha constatado que las personas que suelen tomar medicamentos inhibidores de esta enzima han reducido considerablemente el riesgo de contraer cáncer.

En un estudio, realizado en tubos de ensayo con bacterias que fueron expuestas a dosis letales de radiación, se pudo verificar que la cúrcuma logró prevenir cualquier daño que pudiera ocasionarse al ADN. Potencia la apoptosis en las células con cáncer, pero no en las células sanas. Interrumpe el ciclo de las células cancerígenas en una etapa particular de su crecimiento. Cierto estudio halló que combinando esta sustancia con el ECGC (el flavonoide más importante que posee el té verde) se logró interrumpir el ciclo de las células con cáncer en dos etapas separadas.

Un experimento llevado a cabo en la India encontró que la cúrcuma protege las concentraciones de glutatión en el hígado y favorece la metilación del ADN. La carne cocinada directamente sobre una llama forma químicos cancerígenos, mientras que la carne marinada con turménico reduce la formación de los mismos.

Como si estos efectos preventivos del cáncer no fueran más que suficientes para recomendar su uso, la cúrcuma también tiene probados beneficios para el sistema inmunológico (fortalece la producción de anticuerpos y la actividad de este sistema), la cicatrización de heridas (cuando es aplicado tópicamente) y la salud cardiovascular (reduce los lípidos de la sangre y previene la oxidación del LDL). Además de ello esta hierba es bactericida.

Si usted no ha sido nunca un fanático del curry, es momento de empezar a serlo. También podría ingerir suplementos de cúrcuma. Si así fuera, siga las instrucciones de dosificación contenidas en la etiqueta, la cual variará dependiendo de la concentración de constituyentes activos en el extracto. Si padece cáncer y desea probar con dosis elevadas, consulte con su oncólogo para asegurar un uso seguro y adecuado.

EL AJO: SANADOR FRAGANTE

Otra planta con una larga historia de uso culinario y medicinal es el ajo, que tiene entusiastas seguidores y también detractores. Algunas personas añaden ajo en casi todo lo que comen y otros lo evitan siempre porque les desagrada su sabor y, sobre todo, el olor que queda en el aliento. No obstante, una cosa es cierta: los beneficios que acarrea para la salud se han logrado probar irrefutablemente de manera científica.

El ajo logra reducir los niveles de colesterol y triglicéridos, posee efectos anticoagulantes, antibacterianos y previene la formación de tumores. Y, por supuesto, sus constituyentes principales (el sulfur que contiene fotoquímicos como el S-allylcysteine, S-allylmercapto-L-cisteína y otros allylsulfides) luchan contra los radicales libres como lo haría el mejor de los antioxidantes.

Podemos encontrar los componentes del organosulfur en las cebollas, el ajo, las chalotas, las cebolletas y los cebollinos. Estudios sobre la población han demostrado repetidamente que la incidencia del cáncer es menor en los lugares donde el consumo de alimentos ricos en esta sustancia es mayor. Ciertos estudios de laboratorio realizados con animales han mostrado que los componentes del organosulfur inducen la apoptosis en el cáncer de piel y protegen al organismo contra el cáncer de hígado producido por el aflatoxín. Más aún, inves-

tigaciones recientes indican que el diallyl sílfide (otro componente del organosulfur) inhibe el crecimiento de las células cancerígenas en las mamas. La mayor parte de la evidencia señala que el ajo posee un efecto anticancerígeno tan potente gracias a la habilidad de dichos componentes del organosulfur para afectar la acción de las enzimas incrementando la actividad antioxidante e inhibiendo directamente el crecimiento de tumores.

Un estudio efectuado por el Dr. T. Abdullah de la Clínica Akbar, en Florida, ilustra cómo el ajo potencia la función anticancerígena del sistema inmunológico. Los sujetos de estudio consumieron ajo crudo o Kyolic (extracto de ajo envejecido), después se les extrajeron muestras de sangre que fueron evaluadas para verificar su función como asesinas naturales de las células cuando fueron mezcladas en un plato de laboratorio con células malignas. Las células asesinas naturales de aquellos que comieron ajo destruyeron de 140 a 160 más células cancerígenas que las de otro grupo al que no se le suministró ajo.

En seis de diez estudios realizados, los extractos de ajo ricos en allicin (otro componente del organosulfur) lograron reducir el colesterol total en la sangre en un promedio de 24,8 miligramos por decilitro (mg/dL). Los efectos anticoagulantes del extracto de ajo ayudan a prevenir la coagulación de los vasos sanguíneos en el corazón, las piernas y el cerebro.

El Centro de Nutrición Humana del Departamento Norteamericano de Agricultura, ubicado en Beltsville, Maryland, ha llevado a cabo una serie de investigaciones que demuestran los efectos antidiabéticos del ajo. Dichas investigaciones mostraron que el ajo podía reducir el azúcar en la sangre y mejorar la actividad de la insulina.

Los extractos envejecidos de ajo parecen ser la mejor manera de aprovechar los beneficios que nos ofrece esta planta. Pero además cocine con ajo siempre que pueda.

Conclusión

Ahora que usted ha terminado su "tour" a través del mundo de la nutrición antioxidante, es probable tenga más preguntas que respuestas. Seguramente estará impresionado con todos los beneficios que ofrecen estos nutrientes para la salud, pero también debe de estar pensando en la mejor manera de añadirlos a su programa de suplementos sin arruinarse o sin tener que tomar diez píldoras en cada comida.

La simplicidad y el equilibrio son claves cuando se trata de elegir suplementos de nutrientes antioxidantes. Aunque las investigaciones científicas sobre los antioxidantes son sumamente prometedoras, todavía no han llegado lo suficientemente lejos como para garantizar que el empleo de altas dosis de muchos de estos nutrientes, durante largo tiempo, sea totalmente seguro. Escoja un suplemento multivitamínico y mineral que posea la mayor cantidad de estos antioxidantes y consúmalo en

cantidades equilibradas junto a una dieta rica en vegetales, frutas, hierbas y especias antioxidantes. Si emplea dosis más altas para tratar ciertas enfermedades, hágalo siempre bajo la supervisión de un médico.

Si desea usar todos estos nutrientes al mismo tiempo, no se conocen riesgos para la salud siempre que lo haga siguiendo la dosificación indicada en los envases. Ahora bien, consumir todos estos nutrientes no sustituye a una dieta alimenticia adecuada. Muchas de las investigaciones realizadas sobre los beneficios de los antioxidantes se sustentan en su empleo a través de alimentos que los contienen. Incluso aquellos estudios que señalan los beneficios de los suplementos parten del hecho de que las personas que los usan tienden, en general, a cuidar más su salud y a llevar una alimentación más sana.

Mantenga siempre la moderación cuando emplee suplementos antioxidantes. No incremente la dosis de ninguno sin equilibrar los otros. Utilice los conocimientos que ha obtenido a través de estas páginas para crear un programa adecuado para usted. Le aseguramos que se sentirá mejor, se verá mejor y tendrá más posibilidades de vivir una vida más larga y saludable.

¡Disfrútelos!

ÍNDICE ANALÍTICO

70, 72, 73, 76, 87, 88, 91, 97, 107, 109, 113, 120, 122, 128, 131, 134, 135, 139, 140, 143, 155, 156, 157, 158, 159

Cardo lechero 146, 148

Carotenoides 118, 119, 120, 122, 123

Cataratas 40, 113

Cerveza 33, 118, 125, 126

Chocolate 118, 125, 126, 127, 128

Clorofila 118, 140, 141, 143

Coenzima Q10 28, 76, 77, 78

Coenzimas 77

Colesterol 5, 6, 22, 37, 50, 58, 67, 80, 86, 122, 123, 126, 128, 159, 161

COX-2 60, 140

Derrame 67, 68, 104

Diabetes 9, 12, 36, 37, 63, 65, 76, 98, 100, 101, 151

Electrones 15, 16, 50, 66, 107, 119, 120

Endógenos 13, 75, 76, 80, 148

Enfermedad de Parkinson 90, 92

Envejecimiento 10, 11, 12, 17, 20, 22, 34, 46, 76, 90, 92, 93, 95, 97, 104, 107, 118, 127, 171

Enzimas 20, 77, 107, 130, 133, 141, 157, 161

Ficocianina 118, 140, 141

Fitoquímicos 117, 118

Flavonoides 53, 118, 123, 125, 126, 127, 128, 130, 131, 134, 136, 151, 152, 155

Gamma-tocoferol 69

Genes 97, 153

Ginkgo biloba 146, 152, 155

NUTRIFARMACIAS *ONLINE*

www.casapia.com
Reus, Tarragona, España.

www.facilfarma.com
Cambados, Pontevedra, España.

www.naturallife.com.uy
Montevideo, Uruguay.

www.farmaciasdesimilares.com.mx
México DF. México.

www.laboratoriosfitoterapia.com
Quito, Ecuador

www.farmadiscount.com
Lugo, España.

www.hipernatural.com
Madrid, España

www.biomanantial.com
Madrid, España

www.herbolariomorando.com
Madrid, España

www.mifarmacia.es
Murcia, España.

www.tubotica.net
Huelva. España.

www.elbazarnatural.com
Orense, España.